handball-uebungen.de
Trainingseinheiten und Übungen für Ihr Training!

Inhalt

Vorwort

1. Auflage (18. August 2014)
Verlag: DV Concept (handball-uebungen.de)
Autoren: Jörg Madinger, Elke Lackner
ISBN: 978-3-95641-155-7

1. Kurzer Einblick in die Jahresplanung

Ziele des Trainings

Im **Erwachsenenbereich** wird ein Trainer in der Regel am sportlichen Erfolg (Tabellenplatz) gemessen. Somit richtet sich auch das Training sehr stark nach dem jeweils nächsten Gegner (Saisonziel) aus. Im Vordergrund steht, die Spiele zu gewinnen und die vorhandenen Potentiale optimal einzusetzen.

Im **Jugendbereich** steht die **individuelle Ausbildung** im Vordergrund. Diese ist das erste Ziel, das auch über den sportlichen Erfolg zu setzen ist. Auch sollen die Spieler noch umfassend, d.h. positionsübergreifend ausgebildet werden (keine Positionsspezialisierung, keine Angriffs-/Abwehrspezialisierung).

Jahresplanung

In der Jahresplanung sollten folgende Punkte beachtet werden:
- Wie viele Trainingseinheiten habe ich zur Verfügung (Ferienzeit, Feiertage und den Spielplan mitberücksichtigen)?
- Was möchte ich in diesem Jahr erreichen / verbessern?
- Welche Ziele sollten innerhalb einer Rahmenkonzeption (des Vereins, des Verbands z. Bsp. DHB) erreicht werden? In der Rahmenkonzeption des DHB finden Sie viele Orientierungshilfen für die Themen Abwehrsysteme, individuelle Angriffs-/Abwehrfähigkeiten und dazu, was am Ende welcher Altersstufe erreicht werden sollte.
- Welche Fähigkeiten hat meine Mannschaft (haben meine individuellen Spieler)? Dies sollte immer wieder analysiert und dokumentiert werden, damit ein Soll-/Ist-Vergleich in regelmäßigen Abständen möglich ist.

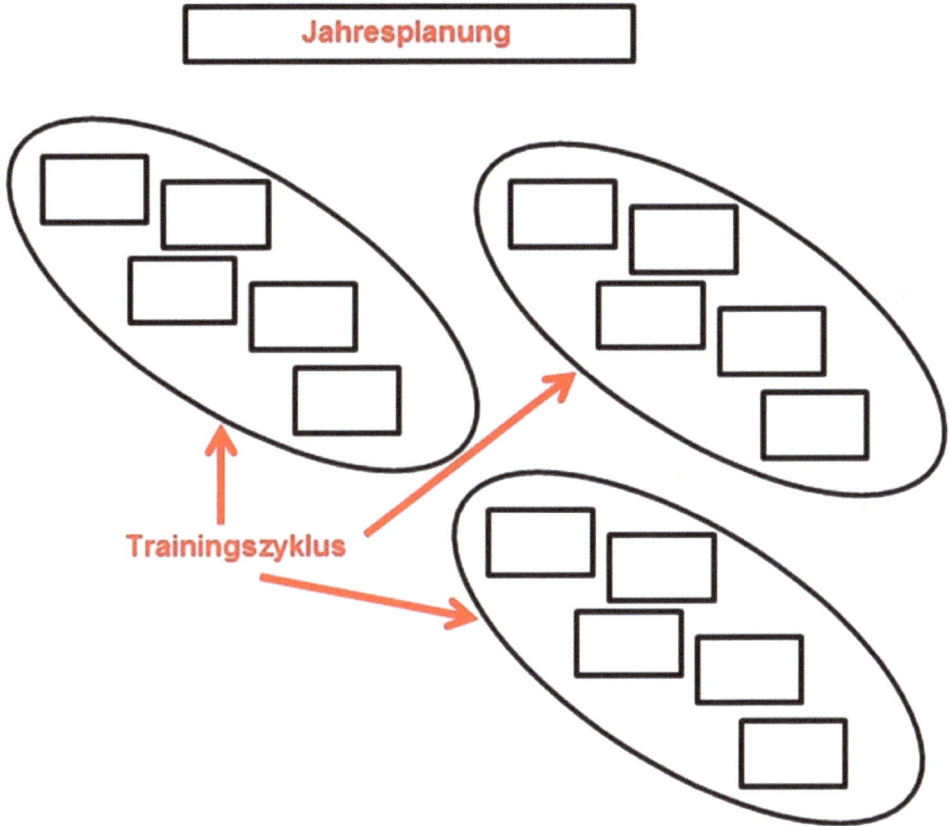

Zerlegung der Jahresplanung in einzelne Zwischenschritte

Grundsätzlich gliedert sich eine Handballsaison in folgende Trainingsphasen:

- Vorbereitungsphase bis zum ersten Spiel: Diese Phase eignet sich besonders zur Verbesserung der konditionellen Fähigkeiten wie der Ausdauer.
- 1. Spielphase bis zu den Weihnachtsferien: Hier sollte die Weihnachtspause mit eingeplant werden.
- 2. Spielphase bis zum Saisonende.

Diese groben Trainingsphasen sollten dann schrittweise verfeinert und einzeln geplant werden:

- Einteilung der Trainingsphasen in einzelne Blöcke mit blockspezifischen Zielen (z.B. Monatsplanung).
- Einteilung in Wochenpläne.
- Planung der einzelnen Trainingseinheiten.

Trainingszyklus

Trainingseinheit:
→ Aufwärmen
→ Grundübung
→ Grundspiel
→ Zielspiel

Trainingseinheit:
→ Aufwärmen
→ Grundübung
→ Grundspiel
→ Zielspiel

Trainingseinheit:
→ Aufwärmen
→ Grundübung
→ Grundspiel
→ Zielspiel

Trainingseinheit:
→ Aufwärmen
→ Grundübung
→ Grundspiel
→ Zielspiel

Trainingseinheit:
→ Aufwärmen
→ Grundübung
→ Grundspiel
→ Zielspiel

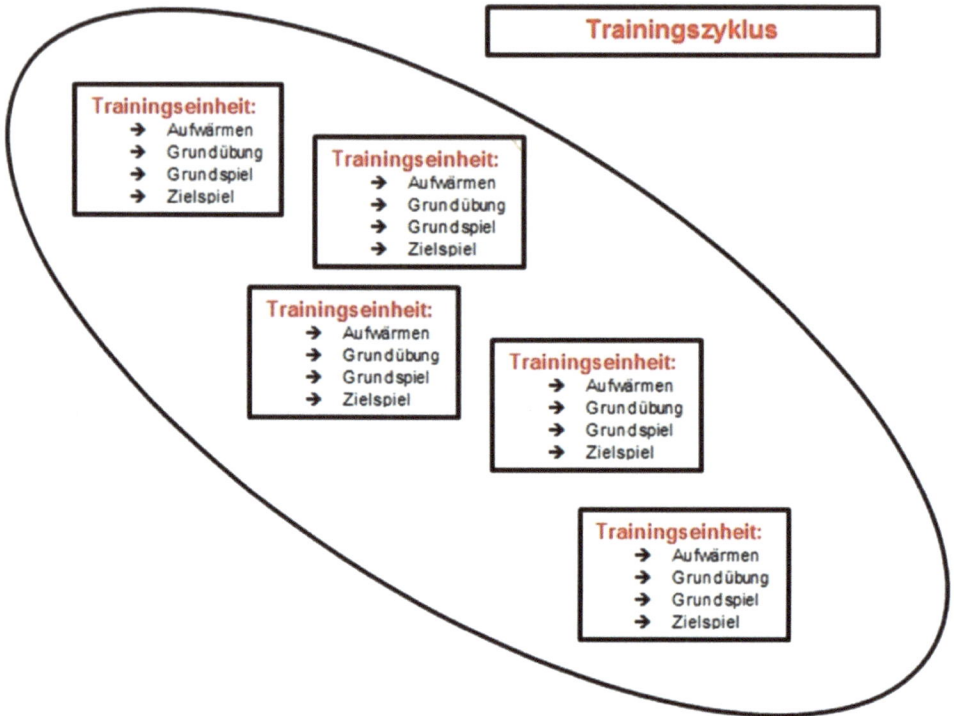

Trainingseinheiten strukturiert aufbauen

Sowohl bei der Jahresplanung als auch bei der Planung der einzelnen Trainingseinheiten sollte eine klare Struktur erkennbar sein:

- Mit Blöcken arbeiten (siehe Monatsplanung): es sollte (gerade im Jugendbereich) über einen Zeitraum am gleichen Thema gearbeitet werden. So können sich Übungen wiederholen und die Abläufe können sich einprägen.
- Jedes Training sollte einen klaren Trainingsschwerpunkt haben. Die Themen sollten innerhalb einer Trainingseinheit nicht gemischt werden, sondern es sollten alle Übungen einem klaren Ziel folgen.
- Die Korrekturen im Training orientieren sich am Schwerpunkt (bei Abwehrtraining wird die Abwehr korrigiert und gelobt).

Vorwort

Liebe Leserinnen und Leser,
vielen Dank, dass Sie sich für ein Buch der trainingsunterstützenden Reihe von handball-uebungen.de entschieden haben.

Die im Buch enthaltenen Trainingseinheiten haben den Schwerpunkt auf handballspezifischem Ausdauertraining mit und ohne Ball, im Stadion und in der Halle. Sie eignen sich sehr gut für die Vorbereitungszeiten, finden Ihren Platz aber auch in kleinen Spielpausen während der Runde.

Folgende Trainingseinheiten sind in diesem Buch enthalten:

TE 206 – Spielerisches Ausdauertraining in der Halle oder auf dem Feld (⭐⭐)
Die Verbesserung der handballspezifischen Ausdauer ist Hauptziel der vorliegenden Trainingseinheit. Nach dem Einlaufen mit verschiedenen Laufvarianten folgt ein Sprintwettkampf im Team. Im Anschluss wird eine Ausdauer-Kräftigungsübung mit einer Passübung kombiniert. Nach einer kurzen Erholungspause mit einer Koordinationsübung schließen eine Ausdauer-Biathlonvariante und eine Sprint-Laufübung das Training ab.

TE 207 – Schnellkraftausdauer auf dem Sportplatz (⭐⭐⭐)
Der Schwerpunkt dieser Trainingseinheit liegt im Erarbeiten der Schnellkraftausdauer außerhalb der Sporthalle. Nach dem Einlaufen folgt eine Übung zur Sprungkoordination. Drei Sprintwettkämpfe und zwei Kräftigungsübungen wechseln sich in der Folge ab. Die Stopp-/ und Wendebewegung ist bei den Sprints der Trainingsschwerpunkt.

TE 209 – Handballspezifisches Ausdauertraining in der Halle mit Ball (⭐⭐⭐)
Der Schwerpunkt dieser Trainingseinheit liegt im Erarbeiten der läuferischen Ausdauer im Wechsel mit Kräftigungselementen. Nach der Erwärmung und einer koordinativen Aufgabe, folgt die Ballgewöhnung und das Torhüter einwerfen. Der anschließende Parcours wechselt zwischen Kontern und Kräftigungselementen ab. Eine koordinative Zwischenübung mit Ball fordert das Mitdenken. Zum Abschluss werden noch einmal läuferische Elemente und Kräftigung gemischt

TE 211 – Intensives handballspezifisches Ausdauertraining in der Halle (⭐⭐⭐⭐)
Der Schwerpunkt dieser Trainingseinheit liegt im handballspezifischen Ausdauertraining. Nach der Erwärmung und einem Sprintspiel folgt eine Laufübung, die unterbrochen ist durch mathematische Aufgabenstellungen, die im Team gelöst werden müssen. Nach einer Zwischenübung zur Ballkoordination startet ein Parcours mit sieben Stationen, der zweimal durchlaufen wird.

TE 213 – Handballspezifischem Ausdauertraining mit Wurfserien unter Vorbelastung (★★★)

Der Schwerpunkt dieser Trainingseinheit liegt in handballspezifischem Ausdauertraining mit Wurfserien unter Vorbelastung. Nach der Erwärmungsphase mit Laufkoordination und einem intensiven Passkontinuum zur Ballgewöhnung, folgt das Torhüter einwerfen, welches eine Wurfserie mit anschließender Kontereinleitung beinhaltet. Zwei Wurfserien folgen, die Erste mit Vorbelastung aus dem Rückraum und die Zweite mit einer koordinativen Voraufgabe und zwei (drei) aufeinander folgenden Würfen. Ein schnelles Abschlussspiel rundet diese Trainingseinheit ab.

Beispielgrafik:

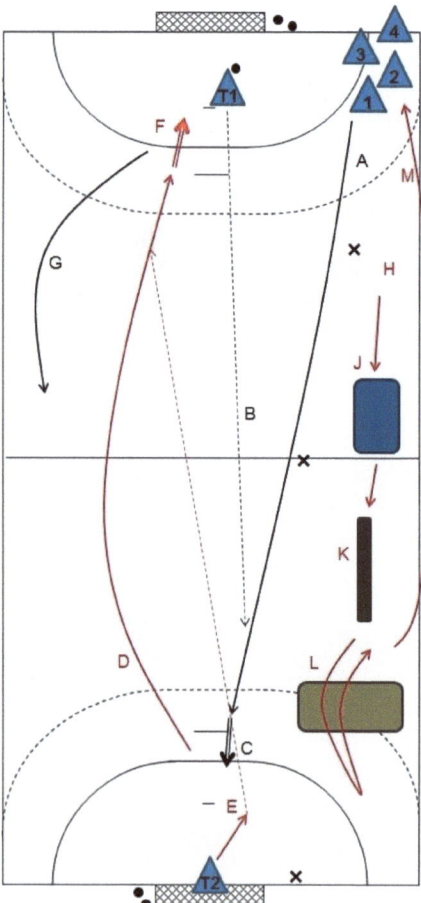

2. Aufbau von Trainingseinheiten

Der Schwerpunkt des Trainings sollte das einzelne Training wie ein roter Faden durchziehen. Dabei in etwa dem folgenden zeitlichen Grundaufbau (Ablauf) folgen:
- ca. 10 (15) Minuten Aufwärmen.
- ca. 20 (30) Minuten Grundübungen (2 bis max. 3 Übungen, plus Torhüter einwerfen).
- ca. 20 (30) Minuten Grundspiel.
- ca. 10 (15) Minuten Zielspiel.

1. Zeit bei 60 Minuten Trainingszeit / 2. Zeit in Klammer bei 90 Minuten Trainingszeit.

Inhalte des Aufwärmens
- Trainingseröffnung: es bietet sich an, das Training mit einem kleinen Ritual (Kreis bilden, sich abklatschen) zu eröffnen und den Spielern kurz die Inhalte und das Ziel der Trainingseinheit vorzustellen.
- Grunderwärmung (leichtes Laufen, Aktivierung des Kreislaufs und des Muskel- und Kochen-Apparats).
- Dehnen/Kräftigen/Mobilisieren (Vorbereitung des Körpers auf die Belastungen des Trainings).
- Kleine Spiele (diese sollten sich bereits am Ziel des Trainings orientieren).

Grundübungen
- Ballgewöhnung (am Ziel des Trainings orientieren).
- Torhüter einwerfen (am Ziel des Trainings orientieren).
- Individuelles Technik- und Taktiktraining.
- Technik- und Taktiktraining in der Kleingruppe.

Grundsätzlich sind bei den Grundübungen die Lauf- und Passwege genau vorgegeben (der Anspruch kann im Laufe der Übung gesteigert und variiert werden).

Hinweise zur Grundübung
- Alle Spieler den Ablauf durchführen lassen (schnelle Wechsel).
- Hohe Anzahl an Wiederholungen.
- Mit Rotation arbeiten oder die Übung auf beiden Seiten gleichzeitig/mit geringer Verzögerung durchführen, damit für die Spieler keine langen Wartezeiten entstehen.
- Individuell arbeiten (1gg1 bis max. 2gg2).
- Eventuell Zusatzaufgaben/Abläufe einbauen (die die Übung komplexer machen).

Grundspiel

Das Grundspiel unterscheidet sich von der Grundübung vor allem dadurch, dass jetzt mehrere **Handlungsoptionen** (Entscheidungen) möglich sind und der/die Spieler die jeweils optimale Option erkennen und wählen sollen. Hier wird vor allem das Entscheidungsverhalten trainiert.

- Das zuvor in den Grundübungen erlernte mit **Wettkampfcharakter** durchführen.
- Mit Handlungsalternativen arbeiten – Entscheidungsverhalten schulen.
- Alle Spieler sollen den Ablauf häufig durchführen und verschiedene Entscheidungen ausprobieren.
- In Kleingruppen arbeiten (3gg3 bis max. 4gg4).

Zielspiel

- Das zuvor Geübte wird nun im freien Spiel umgesetzt. Um das Geübte im Spiel zu fördern, kann mit Zusatzpunkten oder Zusatzangriffen im Falle der korrekten Umsetzungen gearbeitet werden.
- Im Zielspiel wird das Gelernte im Team umgesetzt (5gg5, 6gg6).

Je nach den Trainingsinhalten können die zu erreichenden Ziele eine geringe Änderung im zeitlichen Ablauf von Grundübungen und Grundspielen bedingen (z. Bsp. beim Ausdauertraining, bei dem sie durch Ausdauereinheiten ersetzt werden).

Themenvorgaben

- Individuelle Ausbildung der Spieler nach Vorgabe der Trainingsrahmenkonzeption (DHB oder vereinseigene Konzeption).
- Taktische Spielsysteme in der Abwehr und im Angriff (altersabhängig):
  - z.B. von der Manndeckung zum 6:0 Abwehrsystem.
  - z.B. vom 1gegen1 zum 6gegen6 mit Auslösehandlungen im Team.

Trainingsthema wählen:
➜ Roter Faden

Aufwärmen:

Dauer:
- ca. 10 (15) Minuten

Inhalte:
- „spielerisches Einlaufen"
- Spiele
- Laufkoordination
- (Dehnen und Kräftigung)

Grundübung:

Dauer:
- ca. 20 (30) Minuten

Charakteristik:
- individuell / in der Kleingruppe

Inhalte:
- klare Übungsvorgabe des Ablaufs
- Variationen mit klarer Vorgabe des Ablaufs
- vom Einfachen zum Komplexen
- keine Wartezeit für die Spieler

Grundspiel:

Dauer:
- ca. 20 (30) Minuten

Charakteristik:
- in der Kleingruppe

Inhalte:
- klare Vorgabe des Ablaufs plus Varianten
- Wettkampf

Zielspiel:

Dauer:
- ca. 10 (15) Minuten

Charakteristik:
- Teamplay (Kleingruppe)

Inhalte:
- Freies Spielen mit den Übungen aus der Grundübung und dem Grundspiel
- Wettkampf

3. Die Rolle/Aufgaben des Trainers

Ein erfolgreiches Training hängt stark von der Person und dem Verhalten des Trainers ab. Es ist deshalb wichtig, im Training bestimmte Verhaltensregeln zu beachten, um den Erfolg des Trainings zu ermöglichen. Das soziale Verhalten des Trainers bestimmt den Erfolg in einem ebenso großen Maße wie die reine Fachkompetenz.

Der Trainer sollte
- der Mannschaft zu Beginn des Trainings eine kurze Trainingsbeschreibung und die Ziele bekannt geben.
- immer laut und deutlich reden.
- den Ort der Ansprache so wählen, dass alle Spieler die Anweisungen und Korrekturen hören können.
- Fehler erkennen und korrigieren. Beim Korrigieren Hilfestellung geben.
- den Schwerpunkt der Korrekturen auf das Trainingsziel legen.
- individuelle Fortschritte hervorheben und loben (dem Spieler ein positives Gefühl vermitteln).
- fördern und permanent fordern.
- im Training, bei Spielen, aber auch außerhalb der Sporthalle als Vorbild auftreten.
- gut vorbereitet und pünktlich zu Training und Spielen erscheinen.
- in seinem Auftreten immer Vorbild sein.

4. Trainingseinheiten

Nr.: 206	Spielerisches Ausdauertraining in der Halle oder auf dem Feld		★ ★	90

Startblock		Hauptblock				
X	Einlaufen/Dehnen		Angriff / individuell			Sprungkraft
	Laufübung		Angriff / Kleingruppe		X	Sprintwettkampf
X	Kleines Spiel		Angriff / Team			Torhüter
X	Koordination		Angriff / Wurfserie			
	Laufkoordination		Abwehr /Individuell		**Schlussblock**	
	Kräftigung		Abwehr / Kleingruppe		Abschlussspiel	
X	Ballgewöhnung		Abwehr / Team		Abschlusssprint	
	Torhüter einwerfen		Athletiktraining			
		X	Ausdauertraining			

★: Einfache Anforderung (alle Jugend-Aktivenmannschaften)   ★ ★: Mittlere Anforderung (geeignet ab C-Jugend bis Aktive)   ★ ★ ★: Höhere Anforderung (geeignet ab B-Jugend bis Aktive)   ★ ★ ★ ★: Intensive Anforderung (geeignet für Leistungsbereiche)

Legende:

✖   Hütchen

🔺1   Angreifer

🟢1   Abwehrspieler

▢   umgedrehte Kiste

◯   Reifen

▯   Kirschkernsäckchen

Benötigt:
➜ 8 Hütchen, 10 Kirschkernsäckchen*, 7 Reifen, 2 Kisten oder Eimer, ein Ball

* Als Alternative zu Kirschkernsäckchen können Socken oder Waschlappen mit getrockneten Linsen oder Erbsen gefüllt und oben zugenäht verwendet werden

Beschreibung:
Die Verbesserung der handballspezifischen Ausdauer ist Hauptziel der vorliegenden Trainingseinheit. Nach dem Einlaufen mit verschiedenen Laufvarianten folgt ein Sprintwettkampf im Team. Im Anschluss wird eine Ausdauer-Kräftigungsübung mit einer Passübung kombiniert. Nach einer kurzen Erholungspause mit einer Koordinationsübung schließen eine Ausdauer-Biathlonvariante und eine Sprint-Laufübung das Training ab.

Das Training kann in der Halle oder auch im Freien auf einem geeigneten Feld (Fußballplatz o.ä.) durchgeführt werden.

Insgesamt besteht die Trainingseinheit aus folgenden Schwerpunkten
- Einlaufen/Dehnen (Einzelübung: 15 Minuten / Trainingsgesamtzeit: 15 Minuten)
- Sprintwettkampf (10/25)
- Ballgewöhnung (20/45)
- Koordination (10/55)
- Kleines Spiel (20/75)
- Laufübung (15/90)

Gesamtzeit der Trainingseinheit: 90 Minuten

Nr.: 206-1	Einlaufen/Dehnen	15	15

Aufbau:

- Mit Hütchen den Laufweg abstecken, Reifen wie im Bild auslegen.

Ablauf:

- Die Spieler laufen zunächst um die aufgestellten Hütchen herum (A, B und C) und biegen nach der zweiten langen Geraden zu der Reifenbahn ab (D).
- Dabei werden die langen Geraden (A und C) locker gelaufen, die kurze Strecke (B) wird mit schnellen Seitsteps durchlaufen.
- Der nächste Spieler startet jeweils, wenn der vor ihm laufende Spieler beim zweiten Hütchen angekommen ist.
- Die Reifenbahn wird jeweils zweimal nach folgenden Vorgaben durchlaufen (E):
    o Durchlaufen mit einem Kontakt je Reifen.
    o Durchlaufen mit zwei Kontakten (rechter und linker Fuß) pro Reifen.
    o Durchlaufen mit zwei Kontakten pro Reifen, dabei die Knie anziehen (Kniehebelauf).
    o Beidbeinig springen in jedem Reifen.
    o Hampelmannsprünge durch die Reifen.
- Nach den Reifen laufen die Spieler wieder zum Anfangspunkt und starten erneut, sobald der vorher laufende Spieler beim zweiten Hütchen ist (F).

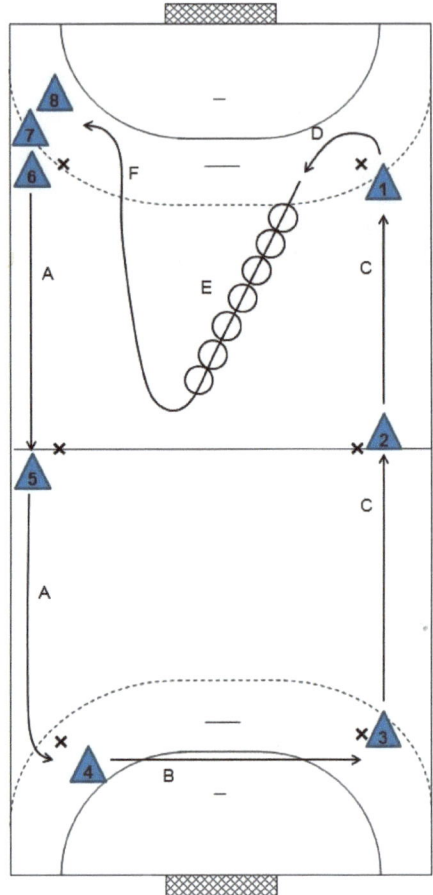

⚠️ Die Hütchen so aufstellen, dass die Spieler nach Durchlaufen der Reifen sofort ohne Wartezeit wieder auf die Gerade starten können und keine Wartezeiten entstehen (bei mehr als acht Spielern weitere Hütchen auf der langen Geraden aufstellen).

Nr.: 206-2	Sprintwettkampf	10	25

Aufbau:

- Hütchen wie im Bild aufstellen.
- Mannschaften bilden. Die Spieler jeder Mannschaft besetzen jeweils die Hütchen, weitere Spieler stellen sich am ersten Hütchen an.

Ablauf:

- **1** und **2** starten auf Kommando gleichzeitig, sprinten zum zweiten Hütchen (A), schlagen den nächsten Spieler (**3** bzw. **4**) ab und besetzen selbst das zweite Hütchen.
- **3** und **4** sprinten zum dritten Hütchen (B) und schlagen **5** bzw. **6** ab und besetzen danach das dritte Hütchen.
- **5** bzw. **6** sprinten den weiten Weg zurück zum ersten Hütchen und schlagen den nächsten dort wartenden Spieler ab, der zum zweiten Hütchen startet. **5** bzw. **6** stellen sich wieder an.
- Jeder Spieler sprintet drei komplette Runden (insgesamt neun Sprints).
- Welches Team absolviert den Ablauf schneller?
- Danach eine kurze Pause machen und den Ablauf neu starten.
- In der zweiten Runde wird der jeweils nächste Spieler nicht abgeschlagen, sondern ein Ball an den nächsten Spieler übergeben.

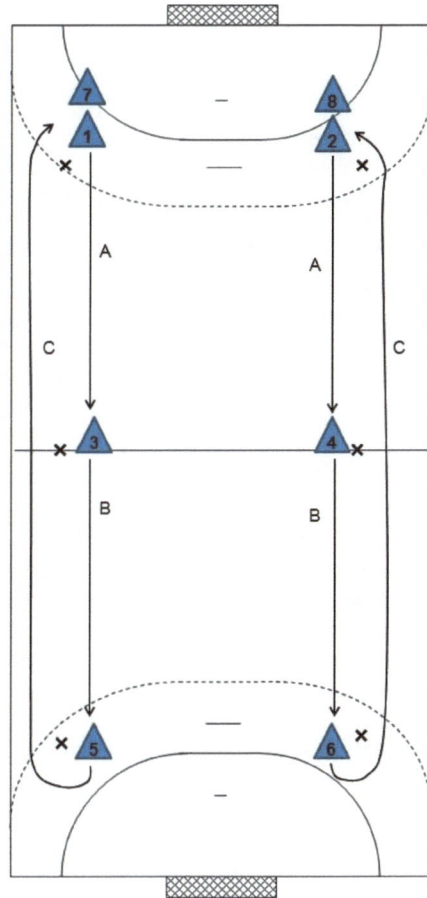

Variationen:

- Die Spieler tragen beim Laufen einen Medizinball, der an den Hütchen übergeben wird.
- An den Hütchen squivern (schnelle, kleine Schritte auf der Stelle) die Spieler, bis sie vom nächsten Spieler abgeschlagen werden.

⚠ Die Hütchen so aufstellen, dass möglichst wenige Wartezeiten entstehen, bei mehr als vier Spielern pro Mannschaft eventuell mehr Hütchen als Stationen aufstellen.

Nr.: 206-3	Ballgewöhnung	20	45

Aufbau:

- In der einen Feldhälfte ein Feld mit vier Hütchen markieren.
- Auf der anderen Feldhälfte die Laufstrecke mit zwei Hütchen markieren.
- Zwei Mannschaften bilden.

Ablauf Team 1:

- 1 stößt leicht nach vorne (A) und passt zu 2 (B), der den Ball in der Stoßbewegung (C) fängt und zu 3 passt (D).
- Der Ball wird im Stoßen im Kreis links herum weitergepasst.
- Nach jedem Pass laufen die Spieler zurück zum Hütchen und berühren es kurz (E).
- Jede komplette Passrunde (von 1 bis zurück zu 1) wird gezählt
- Fällt der Ball herunter, beginnt die Gruppe von vorne und zählt wieder die Runden beginnend von 1.

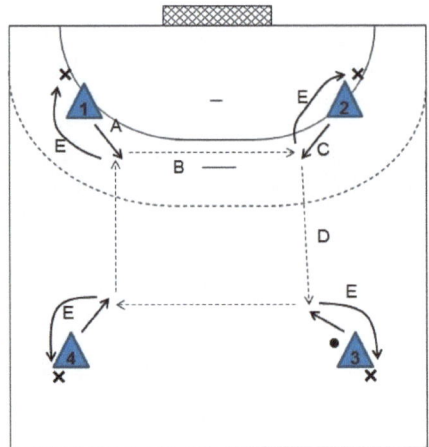

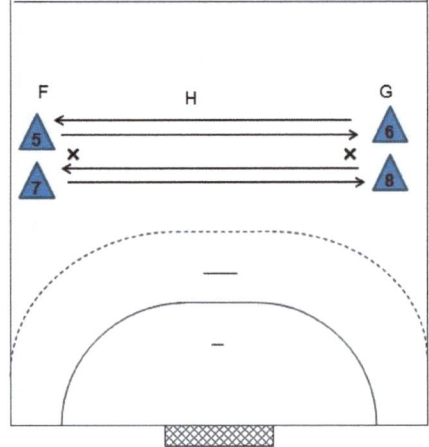

Ablauf Team 2:

- Alle Spieler starten gleichzeitig.
- Die Spieler auf der linken Seite führen drei stabilisierte beidbeinige Sprünge aus der leichten Hocke heraus aus. (F).
- Die Spieler auf der rechten Seite absolvieren drei Kniebeugen in Schrittstellung (G).
- Danach wechseln die Spieler die Seiten und starten wieder jeweils gleichzeitig mit dem gleichen Ablauf (die Spieler absolvieren immer abwechselnd Strecksprünge und Kniebeugen).

⚠ Bei mehr als vier Spielern je Team entsprechend weitere Hütchen für die Passfolge aufstellen.

⚠ Team 2 soll die Übungen sauber ausführen und möglichst ohne Pausen zur nächsten Übung laufen.

Gesamtablauf:

- Team 1 versucht, 10 (5) fehlerfreie Passrunden nacheinander durchzuführen.
- Solange absolviert Team 2 den Ablauf aus Strecksprüngen, Laufen und Kniebeugen.
- Anschließend ist Aufgabenwechsel.

| Nr.: 206-4 | Koordination | 10 | 55 |

Ablauf:

- Die Spieler bilden 2er-Teams. Jedes Team stellt sich mit Abstand von 2-3 Metern einander gegenüber mit zwei Kirschkernsäckchen auf.
- Die Spieler passen sich die beiden Kirschkernsäckchen nach folgenden Vorgaben zu:
  - Jeder Spieler passt ein Säckchen, die beiden Pässe erfolgen gleichzeitig.
  - Jeder Spieler passt ein Säckchen, die beiden Pässe erfolgen gleichzeitig. Es wird nur mit einer Hand (links/rechts) gefangen.
  - Ein Spieler passt zwei Säckchen zum Mitspieler, der andere fängt beide Säckchen mit je einer Hand.
  - Jeder Spieler passt ein Säckchen, die Pässe erfolgen gleichzeitig. Die Spieler passen von hinten durch die eigenen Beine.

Nr.: 206-5	kleines Spiel	20	75

Aufbau:

- Hütchen und Reifen wie im Bild auslegen.
- Zwei Teams bilden.
- Für jedes Team 5 Kirschkernsäckchen auslegen und eine Kiste (alternativ Eimer) als Ziel aufstellen.

Ablauf:

- 1 und 2 starten gleichzeitig, laufen auf die lange Gerade um das vordere Hütchen, zurück zum hinteren Hütchen und wieder auf die andere Seite (A).

- Dort werfen 1 und 2 nacheinander die Kirschkernsäckchen (B) und versuchen, in die Kiste zu treffen. Jeder Treffer gibt einen Punkt.

- Für jeden Fehlwurf, laufen die Spieler eine Strafrunde (C): sie springen beidbeinig durch die Reifenbahn (D) und umlaufen das Hütchen (E) bis zum Ausgangspunkt.

- Nach dem Durchlaufen der letzten Strafrunde laufen die Spieler zurück zur Gruppe und schlagen den nächsten Spieler ab (nicht im Bild).

- Der Trainer legt die Kirschkernsäckchen immer wieder neu aus.

- Welche Mannschaft erzielt zuerst 50 (75 / 100) Treffer?

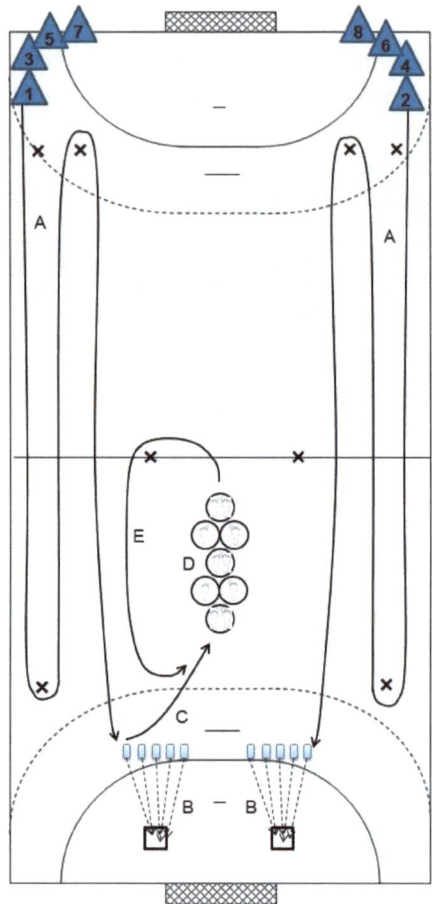

⚠ Den Abstand der Kiste von der Abwurfzone entsprechend der Leistungsstärke (ev. auch während der Übung) variieren.

⚠ Die Spieler sollen die Laufwege zügig absolvieren und die Strafrunde in vollem Tempo durchlaufen (D und E).

Nr.: 206-6	Laufübung	15	90

Aufbau:
- Mit Hütchen einen rechteckigen oder ovalen Laufweg markieren.

Ablauf:
- Alle Spieler laufen als Gruppe in lockerem Tempo um die Hütchen (A).
- Auf Pfiff des Trainers starten die ersten beiden Spieler, erhöhen deutlich das Tempo und laufen vor der Gruppe um das Feld, bis sie von hinten wieder in die Gruppe hereingelaufen sind (B).
- Dann gibt der Trainer das nächste Signal und die nächsten zwei Spieler laufen schneller und von hinten wieder in die Gruppe hinein. Usw.
- Jeder Spieler soll mindestens dreimal die schnelle Runde laufen.

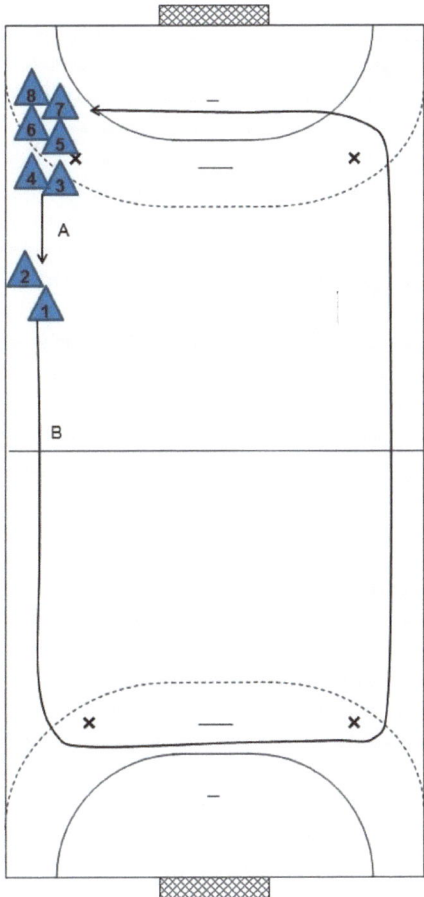

⚠ Die Gruppe soll ein langsames Tempo halten, um es den schnell laufenden Spielern nicht zu schwer zu machen, die Runde zu beenden.

⚠ Die Feldgröße entsprechend dem Leistungsvermögen variieren.

⚠ Es kann vereinfacht werden, indem die schneller laufenden Spieler entgegen der Gruppenlaufrichtung laufen, so dass keine komplette Runde gelaufen werden muss. Das Tempo muss aber trotzdem deutlich erhöht werden.

Nr.: 207	Schnellkraftausdauer auf dem Sportplatz	★★★	90

Startblock		Hauptblock				
X	Einlaufen/Dehnen		Angriff / individuell			Sprungkraft	
	Laufübung		Angriff / Kleingruppe		X	Sprintwettkampf	
	Kleines Spiel		Angriff / Team			Torhüter	
	Koordination		Angriff / Wurfserie			**Schlussblock**	
X	Laufkoordination		Abwehr / individuell				
X	Kräftigung		Abwehr / Kleingruppe			Abschlussspiel	
	Ballgewöhnung		Abwehr / Team		X	Auslaufen	
	Torhüter einwerfen		Athletiktraining				
			Ausdauertraining				

★ : Einfache Anforderung (alle Jugend-Aktivenmannschaften)	★ ★ : Mittlere Anforderung (geeignet ab C-Jugend bis Aktive)	★ ★ ★ : Höhere Anforderung (geeignet ab B-Jugend bis Aktive)	★ ★ ★ ★ : Intensive Anforderung (geeignet für Leistungsbereiche)

Legende:

Medizinball

Pfeife

Benötigt:
→ Je drei Spieler 1 Medizinball, 1 Fußball, 1 Handball, Stoppuhr, 1 Pfeife

Beschreibung:
Der Schwerpunkt dieser Trainingseinheit liegt im Erarbeiten der Schnellkraftausdauer außerhalb der Sporthalle. Nach dem Einlaufen folgt eine Übung zur Sprungkoordination. Drei Sprintwettkämpfe und zwei Kräftigungsübungen wechseln sich in der Folge ab. Die Stopp-/ und Wendebewegung ist bei den Sprints der Trainingsschwerpunkt.

Insgesamt besteht die Trainingseinheit aus folgenden Schwerpunkten
- Einlaufen/Dehnen (Einzelübung: 20 Minuten / Trainingsgesamtzeit: 20 Minuten)
- Koordination (10/30)
- Sprintwettkampf (10/40)
- Kräftigung (10/50)
- Sprintwettkampf (15/65)
- Kräftigung (10/75)
- Sprintwettkampf (10/85)
- Auslaufen (5/90)

Gesamtzeit der Trainingseinheit: 90 Minuten

Nr.: 207-1	Einlaufen/Dehnen	20	20

Ablauf:
- Alle Spieler laufen 20 Minuten im Stadion auf der Bahn im Kreis herum.
- Den Spielern einen Fußball und einen Handball mitgeben. Beim Laufen werden sich im Laufe der Runden kleine Gruppen bilden. Die beiden Bälle sollen beim Laufen in der Gruppe gepasst und irgendwann für die nachfolgende Gruppe liegen gelassen/zur Gruppe gepasst werden.
- Die Spieler sollen mit gleichmäßig Tempo die komplette Zeit laufen.

- Gemeinsam in der Gruppe dehnen.

Nr.: 207-2	Koordination	10	30

Aufbau:
- Jeder Spieler stellt sich neben eine Linie auf der Laufbahn, so dass er nach links und rechts springen kann.
- Der Sprungablauf wird über eine Strecke von ca. 20 Metern durchgehend absolviert.

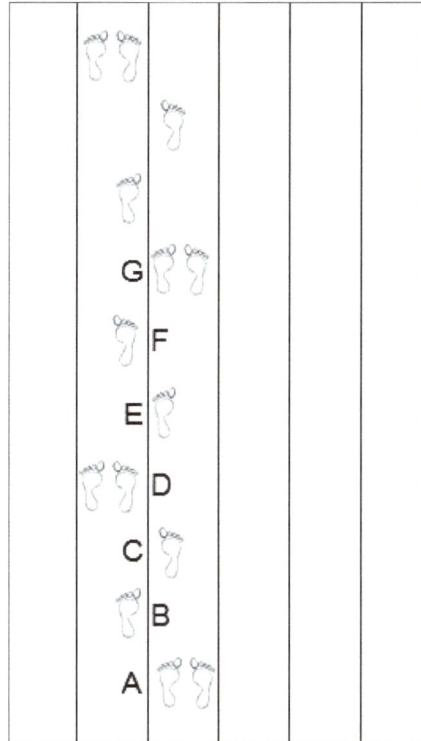

Ablauf:
- Die Spieler stellen sich beidbeinig neben die Linie (A).
- Sie springen auf die andere Seite und landen mit dem linken Bein (B).
- Sie springen wieder zurück und landen auf dem rechten Bein (C).
- Sie springen zurück und landen beidbeinig (D).
- Jetzt springen sie wieder (über Kreuz) und landen auf dem linken Bein (E).
- Sie springen wieder zurück und landen auf dem rechten Bein (über Kreuz) (F).
- sie landen nach dem nächsten Sprung über die Linie wieder beidbeinig.
- Usw.

Variationen:
- Mit dem rechten Bein zuerst landen (rechts, links, beidbeinig...).
- Die Sprungkombination rückwärts/seitwärts ausführen.

⚠ Beim Springen keine Pause zwischen den einzelnen Sprüngen machen, sondern zügig „durchspringen".

Nr.: 207-3	Sprintwettkampf	10	40

Aufbau:

- Drei Linien definieren. Der Abstand der beiden äußeren Linien zueinander sollte ca. 30 Meter betragen.

Ablauf:

- ▲1, ▲2 und ▲3 stehen an der Startlinie und machen schnelle Hampelmannbewegungen auf der Stelle (A).
- Auf Kommando sprinten die drei Spieler los, stellen einen Fuß auf die Linie (B), drehen sich sofort um und sprinten zur anderen äußeren Linie (C).
- Der Verlierer macht drei Sprünge (leicht in die Knie gehen, aus dieser Position hochspringen und dabei die Beine anziehen) Anmerkung: mit angezogenen Beinen ist es kein Strecksprung!
- Danach laufen die drei Spieler locker zurück und die nächsten drei starten mit dem gleichen Ablauf.

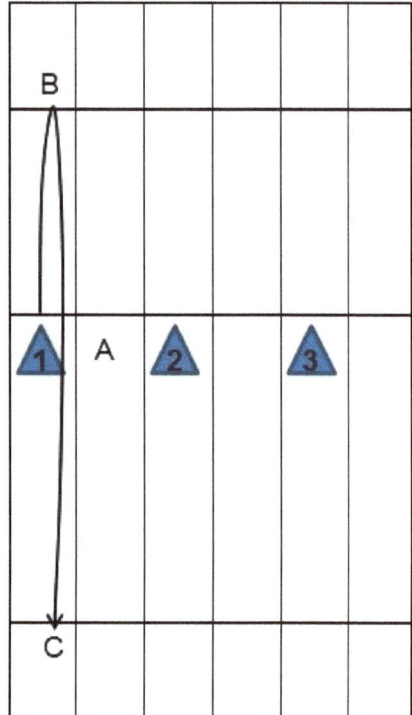

Variationen:

- Anstatt der Hampelmannbewegungen wird auf einem Bein gesprungen.
- Seitwärts, oder mit dem Rücken zur ersten Linie (B) starten.

Nr.: 207-4	Kräftigung	10	50

Aufbau:

- Körperlich ungefähr gleich starke Pärchen bilden.
- Die nächste Linie hinter den Spielern jeweils als Ziellinie definieren (A).

Ablauf:

- Die beiden Spieler stellen sich gegenüber und fassen sich gegenseitig an den Schultern an (B).
- Auf Kommando versuchen die beiden Spieler, sich gegenseitig über die Ziellinie zu schieben (C).
  Es dürfen dabei keine „Finten" gemacht werden, sondern der andere Spieler muss in einem Zug über die Linie geschoben werden.
- Der Vorgang wiederholt sich fünfmal. Der Spieler, der öfter über die Linie geschoben wurde, macht z.B. 10 Liegestützen.
- Danach wiederholt sich der Ablauf, beide Spieler fassen sich dieses Mal an den Händen und sie versuchen, sich gegenseitig über die Linie zu ziehen (D). Der Spieler, der öfter über die Linie gezogen wurde, macht z.B. 10 Liegestützen.

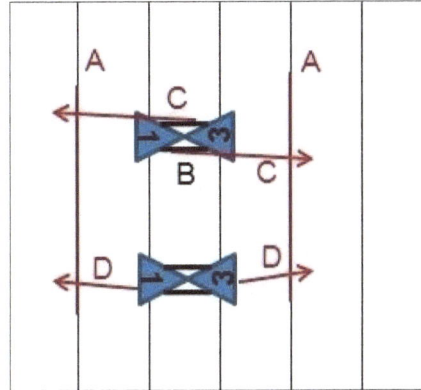

Nr.: 207-5	Sprintwettkampf	15	65

Aufbau:

- 3er Mannschaften bilden mit je einem Medizinball und wie im Bild gezeigt aufstellen.
- Jede Mannschaft läuft innerhalb einer Bahn.
- Jeweils zwei Linien als Startlinien definieren, die ca. 25-30 Meter auseinanderliegen.

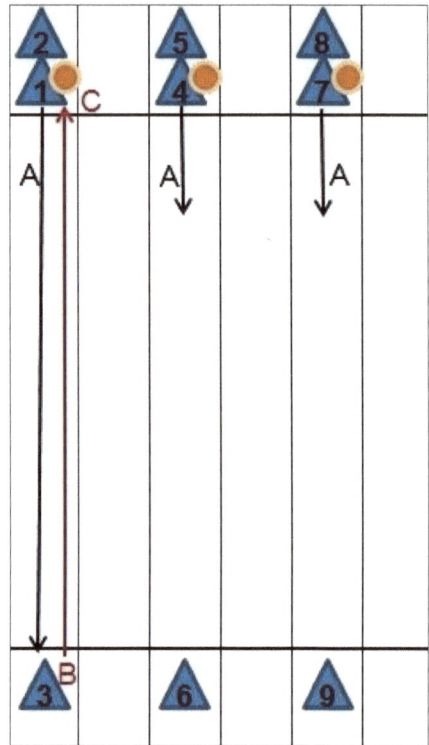

Ablauf:

- ▲1, ▲4 und ▲7 starten gleichzeitig auf Kommando und sprinten in ihrer Bahn mit Medizinball los (A).
- Auf der anderen Seite angekommen, übergeben sie hinter der Linie den Medizinball an den nächsten Spieler (B).
- Diese Spieler sprinten wieder zurück und übergeben den Medizinball an den nächsten Spieler (C).
- Der Ablauf wiederholt sich nun insgesamt 30mal, so dass jeder Spieler 10 Bahnen sprintet.
- Die Siegermannschaft muss keine Aufgabe erledigen, die Zweiten machen z.B. 10 Liegestützen, die Dritten 20 Liegestützen, die Vierten 30 Liegestützen usw.
- Nach einer kurzen Erholungspause den Ablauf wiederholen.

⚠ Am besten die gelaufenen Bahnen mithilfe einer Strichliste mitschreiben, um den Überblick zu behalten.

Nr.: 207-6	Kräftigung	10	75

Ablauf:
- Jeder Spieler führt folgende Kräftigungsübungen aus:
  - 20 „normale" Liegestützen.
  - 15 Liegestützen, wobei sich die beiden Hände am Boden berühren müssen.
  - 10 Liegestützen, wobei die Hände auf dem Boden über Kreuz liegen und sich mit den kleinen Fingern berühren.
  - Je 20 Sit-Ups nach links, rechts und geradeaus ziehen.

⚠️ Bei den Liegestützen auf eine gerade Körperhaltung achten, kein Hohlkreuz oder Buckel machen.

⚠️ Die Sit-Ups langsam ausführen.

Nr.: 207-7	Sprintwettkampf	10	85

Aufbau:
- Drei Linien definieren. Der Abstand der beiden äußeren Linien zueinander sollte ca. 30 Meter betragen

Ablauf:
- 1, 2 und 3 stehen an der Startlinie und machen schnelle Hampelmannbewegungen auf der Stelle (A)
- Auf Kommando sprinten die drei Spieler gleichzeitig los bis zur Ziellinie (A)
- Pfeift der Trainer jedoch unterwegs, müssen die drei Spieler sofort stoppen (B), umdrehen und zur anderen Ziellinie sprinten
- Der Verlierer macht drei Sit-Ups
- Danach starten die nächsten drei Spieler
- Jeder Spieler wiederholt den Ablauf 5mal

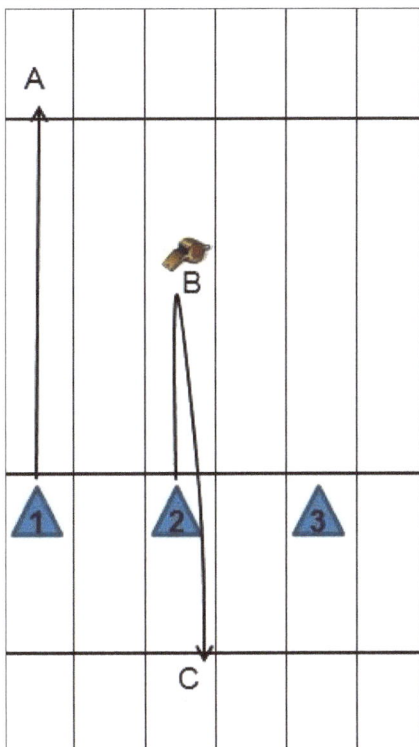

Nr.: 207-8	Auslaufen	5	90

Ablauf:
- Alle Spieler nehmen wieder zusammen einen Fußball und einen Handball mit (wie beim Einlaufen) und laufen gemeinsam aus.
- Am Ende noch gemeinsam ausdehnen.

Nr.: 209	Handballspezifisches Ausdauertraining in der Halle mit Ball		★★★	90

Startblock			Hauptblock					
X	Einlaufen/Dehnen			Angriff / individuell			Sprungkraft	
	Laufübung			Angriff / Kleingruppe			Sprintwettkampf	
	Kleines Spiel			Angriff / Team			Torhüter	
X	Koordination			Angriff / Wurfserie				
X	Laufkoordination			Abwehr /Individuell			**Schlussblock**	
	Kräftigung			Abwehr / Kleingruppe			Abschlussspiel	
X	Ballgewöhnung			Abwehr / Team			Abschlusssprint	
X	Torhüter einwerfen			Athletiktraining				
			X	Ausdauertraining				

★: Einfache Anforderung (alle Jugend-Aktivenmannschaften)	★★: Mittlere Anforderung (geeignet ab C-Jugend bis Aktive)	★★★: Höhere Anforderung (geeignet ab B-Jugend bis Aktive)	★★★★: Intensive Anforderung (geeignet für Leistungsbereiche)

Legende:

✖ Hütchen

🔺 Angreifer

🟢 Abwehrspieler

Ballkiste

dünne Turnmatte

Turnbank

großer Turnkasten

Benötigt:
➔ 10 Hütchen, 1 Turnbank, 1 dünne Turnmatte, 1 großer Turnkasten, 1 Ballkiste mit ausreichend Bällen

Beschreibung:
Der Schwerpunkt dieser Trainingseinheit liegt im Erarbeiten der läuferischen Ausdauer im Wechsel mit Kräftigungselementen. Nach der Erwärmung und einer koordinativen Aufgabe, folgt die Ballgewöhnung und das Torhüter einwerfen. Der anschließende Parcours wechselt zwischen Kontern und Kräftigungselementen ab. Eine koordinative Zwischenübung mit Ball fordert das Mitdenken. Zum Abschluss werden noch einmal läuferische Elemente und Kräftigung gemischt

Insgesamt besteht die Trainingseinheit aus folgenden Schwerpunkten
- Einlaufen/Dehnen (Einzelübung: 10 Minuten / Trainingsgesamtzeit: 10 Minuten)
- Laufkoordination (10/20)
- Ballgewöhnung (10/30)
- Torhüter einwerfen (10/40)
- Ausdauer-Parcours (25/65)
- Koordination (10/75)
- Ausdauer-Parcours (15/90)

Gesamtzeit der Trainingseinheit: 90 Minuten

1. Auflage
© 2014 by Jörg Madinger, Elke Lackner

Nr.: 209-1	Einlaufen/Dehnen	10	10

Grundaufbau:

- Die Spieler in 4er/5er Gruppen aufteilen und je einen Leader bestimmen.

Ablauf:

- Die einzelnen Gruppen bewegen sich frei in der Halle.
- Der Leader läuft voraus und macht Übungen vor, die anderen Spieler laufen ihm hinterher und machen die vorgemachten Übungen nach (A).
- Treffen sich zwei Gruppen und die beiden Leader klatschen sich dabei ab, ist das das Signal für die nachlaufenden Spieler, den
- Leader zu tauschen. Sie müssen sofort reagieren und die Übungen des neuen Leaders nachmachen.
- Erfolgt ein Pfiff des Trainers, wird je ein neuer Spieler zum neuen Leader und übernimmt ab sofort das Vormachen, usw.
- Gemeinsam in der Gruppe dehnen.

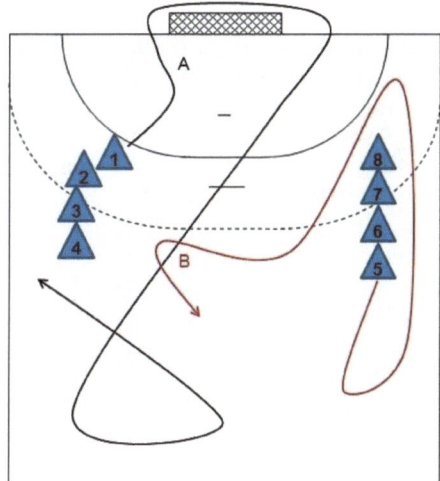

Variation:

- Jeder Spieler mit einem Ball.

Nr.: 209-2	Laufkoordination	10	20

Ablauf:

- Die Spieler laufen nach Ansage des Trainers entweder nach rechts, links, vorne oder hinten.
- Damit es nicht zu einfach ist, und der Kopf gefordert wird, werden die Richtungen ersetzt.

z.B. mit:

Links:	rot	1	Apfel
Rechts:	blau	2	Birne
Vorne:	gelb	3	Pflaume
Hinten:	grün	4	Banane

Zunächst mit einer Variante beginnen, dann eine Zweite hinzunehmen, usw., am Ende die Varianten mischen (Ansage: rot – 3 – gelb – Pflaume).

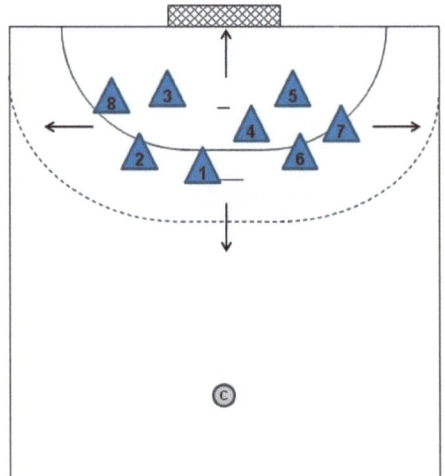

- Wenn der Trainer dann irgendwann in die Hände klatscht, sprinten alle Spieler los bis zur Mittellinie, die letzten drei Spieler müssen fünf Hampelmannbewegungen machen.
- Danach wiederholt sich der Ablauf.

Nr.: 209-3	Ballgewöhnung	10	30

Grundstellung (oberes Bild):

- ▲1 mit (I) und ▲2 ohne Ball.
- Zwei weitere Bälle (II und III), ca. 3 Meter neben ▲1 und ▲2 auf den Boden legen.

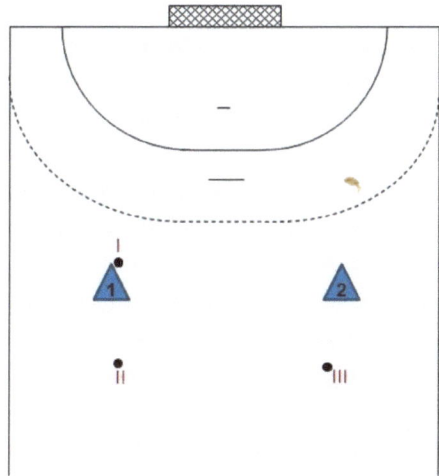

Ablauf (zweites Bild):

- ▲1 passt (A) ▲2 den Ball (I).
- ▲2 legt den Ball (I) auf den Boden (B) und läuft mit schnellen Sidestep Bewegungen zum anderen Ball (III) und nimmt ihn auf (C).
- ▲2 passt den Ball (III) zu ▲1 (D).
- ▲1 legt den Ball (III) auf den Boden (E) und läuft mit schnellen Sidestep Bewegungen zum anderen Ball (II) und nimmt diesen auf (F).
- ▲1 passt den Ball (II) zu ▲2 (G).
- ▲2 legt den Ball (II) auf den Boden (H) und läuft mit schnellen Sidestep Bewegungen zum anderen Ball (I) und nimmt diesen auf (J).
- ▲2 passt den Ball (I) zu ▲1 (K).
- Usw.

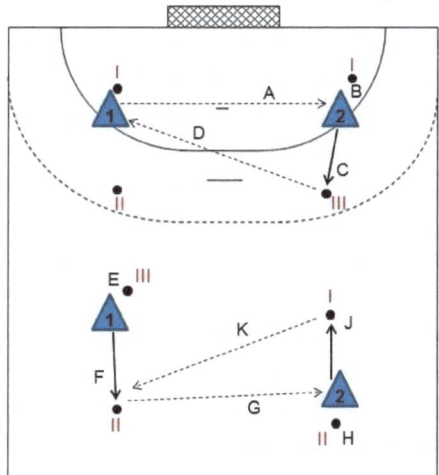

Variation:

- Die seitliche Laufbewegung variieren (z.B. Hampelmannbewegungen, rückwärts laufen...).

Nr.: 209-4	Torhüter einwerfen	10	40

Aufbau:

- T2 steht mit Ball an der 4-Meter Linie.

Ablauf:

- T2 passt T1 den Ball und bekommt ihn sofort wieder zurück gepasst (A).

- 1 läuft mit Ball an und wirft nach links hoch auf das Tor (B).

- T1 löst sich aus der Mitte und reagiert auf den geworfenen Ball von 1 (C).

- T1 geht nach dem Wurf sofort wieder in die Tormitte und hält (E) den von 2 nach rechts hoch geworfenen Ball (D).

- Danach geht T1 wieder in die Grundposition in der Tormitte und spielt sich mit T2 den Ball wieder zu (A).

- Jetzt wiederholt sich der Ablauf mit 3 und 4 usw.

Variationen:

- Wurfvorgabe: halb oder tief.
- Nach dem Pass (A) vier Würfe in Folge (li. hoch – re. hoch – li. tief – re. tief).

⚠ T1 nach den zwei Würfen jeweils ausreichend Zeit geben, wieder in der Tormitte zu stehen.

⚠ die drei Aktionen (A, B und D) sollen mit höchstem Tempo ausgeführt werden.

Nr.: 209-5	Ausdauer-Parcours	25	65

Grundablauf:

- Die Spieler starten zuerst in die Konter und absolvieren danach den Parcours am Rand.
- Jeder Spieler absolviert den Ablauf fünfmal, danach wird die Zwischenübung 209-6 ausgeführt und anschließend der gesamte Ablauf 209-5 noch einmal absolviert.

Ablauf:

- 1 startet ohne Ball in den Konter (A), bekommt von T1 den Ball in die Laufbewegung gepasst (B) und schließt mit Wurf (C) ab.

- Danach startet 1 direkt ohne Pause in den zweiten Konter (D), bekommt von T2 den Ball in die Laufbewegungen gepasst (E) und schließt mit Wurf ab (F).

- 1 startet danach noch zweimal in den gleichen Ablauf (insgesamt vier Konter) (G).

- Nach dem vierten Konter läuft 1 an die Seite und absolviert die Stationen:
  - o Für jeden nicht getroffenen Konter macht 1 zuerst 10 Liegestützen (H).
  - o Auf der Turnmatte macht 1 10 Sit-Ups (J).
  - o 1 legt sich mit dem Bauch auf die Turnbank und zieht sich über die Bank auf die andere Seite. 1 dreht sich dort um 180° und zieht sich wieder zurück. Das Ganze wiederholt er noch einmal (insgesamt viermal ziehen) (K).
  - o 1 springt fünfmal über den großen Turnkasten und wieder zurück, so dass er insgesamt 10 mal gesprungen ist (L).
  - o Danach läuft 1 wieder zurück zum Startpunkt und startet wieder in den Konter, wenn er an der Reihe ist (M).
  - o Sobald 1 mit den Kontern fertig ist, startet 2 mit dem gleichen Ablauf usw.

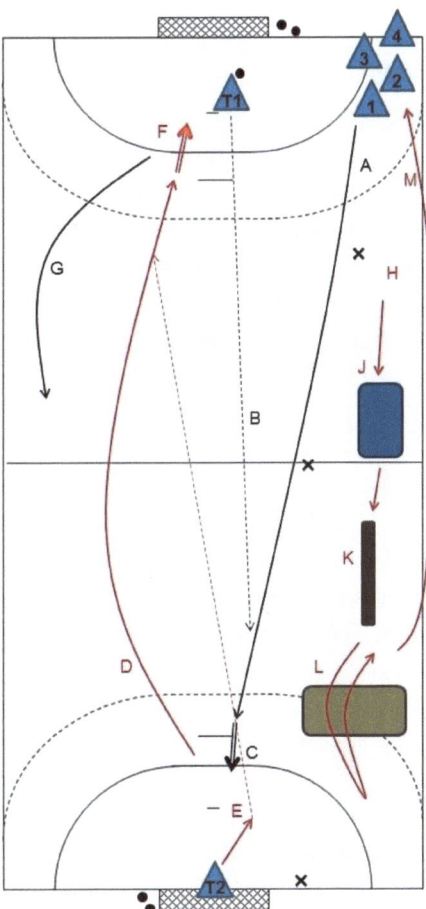

Nr.: 209-6	Koordination	10	75

Zwischenübung für 209-5

Ablauf:

- Bild 1: Der rechte Spieler wirft 2 Bälle leicht hoch und passt den weiteren Ball als Druckpass (Pfeil) mit beiden Händen zu seinem Gegenüber. Der linke Spieler wirft kurz bevor der Druckpass bei ihm ist, die beiden Bälle (Pfeil) nach oben.
- Bild 2: Der linke Spieler fängt den Druckpass und passt ihn sofort wieder zum rechten Spieler zurück (Bild 3) und fängt danach die beiden Bälle, die von oben kommen.
- Der rechte Spieler wirft nun seine beiden Bälle nach oben, fängt den Druckpass (Bild 4) und passt ihn sofort wieder zurück, um dann seine Bälle, die von oben kommen, zu fangen.

⚠ Beide Spieler sollen während der Ausführung ruhig auf beiden Beinen stehen, ohne die Füße zu bewegen

(Bild 1)

(Bild 2)

(Bild 3)

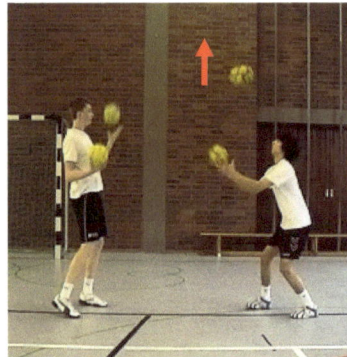
(Bild 4)

Nr.: 209-7	Ausdauer-Parcours	15	90

Ablauf:

- **1** und **2** starten gleichzeitig und laufen zu den ersten Hütchen (A) und machen dort 10 Liegestützen.
- Danach laufen sie weiter zum zweiten Hütchen (B) und machen dort 10 Sit-Ups.
- Beim dritten Hütchen (C) laufen **1** und **2** jeweils fünfmal mit schnellen Seitwärtsbewegungen von links nach rechts und zurück (insgesamt 10 Bahnen) mit nach oben gestreckten Armen (Abwehrhaltung) (D).
- Bei den vierten Hütchen machen sie 10 Strecksprünge (E).
- Beim letzten Hütchen laufen **1** und **2** mit gesteigerten Tempo fünfmal zwischen dem dritten und fünften Hütchen hin und her (insgesamt 10 Bahnen) (F).
- Danach gehen sie zurück zum Startpunkt und wiederholen den Ablauf noch zweimal.
- **3** und **4** starten den gleichen Ablauf, wenn **1** und **2** mit den Sit-Ups angefangen haben.
- Nach den Durchgängen eine kurze Pause machen und danach den kompletten Ablauf wiederholen.

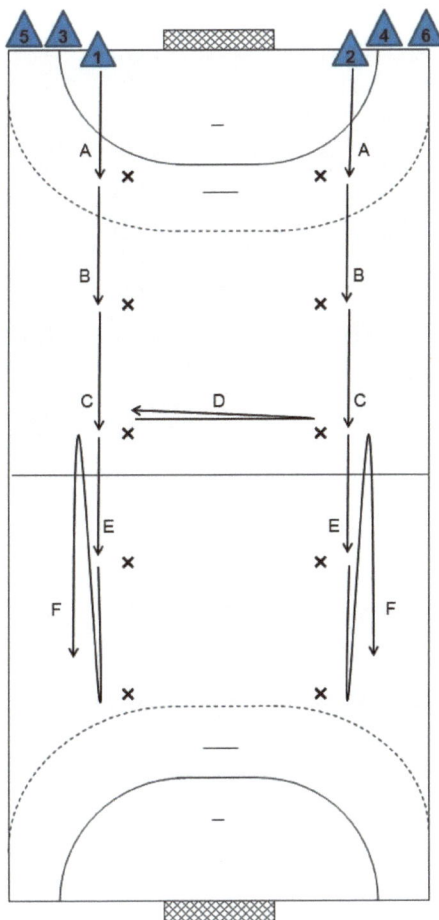

⚠ Die Spieler sollen innerhalb des Ablaufs langsame Spieler überholen, bzw. eventuell in einer größeren Anzahl die Station absolvieren.

Nr.: 211	Intensives handballspezifisches Ausdauertraining in der Halle		★★★★	90

Startblock		Hauptblock			
X	Einlaufen/Dehnen		Angriff / individuell		Sprungkraft
X	Laufübung		Angriff / Kleingruppe		Sprintwettkampf
X	Kleines Spiel		Angriff / Team		Torhüter
X	Koordination		Angriff / Wurfserie		**Schlussblock**
	Laufkoordination		Abwehr /Individuell		
	Kräftigung		Abwehr / Kleingruppe		Abschlussspiel
	Ballgewöhnung		Abwehr / Team		Abschlusssprint
	Torhüter einwerfen		Athletiktraining		
		X	Ausdauertraining		

★: Einfache Anforderung (alle Jugend-Aktivenmannschaften)	★★: Mittlere Anforderung (geeignet ab C-Jugend bis Aktive)	★★★: Höhere Anforderung (geeignet ab B-Jugend bis Aktive)	★★★★: Intensive Anforderung (geeignet für Leistungsbereiche)

Legende:

✘   Hütchen

1   Angreifer

1   Abwehrspieler

    Weichbodenmatte

    kleine Turnkiste

    Hürde

    Koordinationsleiter

    dünne Turnmatte

    Medizinball

    Barren

    Turnbank

Benötigt:
➔ 1 Weichbodenmatte, 8 Hütchen,
1 Koordinationsleiter, 3 Hürden
oder alternativ 3 kleine Turnkisten,
2 Medizinbälle, 1Barren,
4 dünne Turnmatten, 1 Turnbank,
4 Deuserbänder, 2 Kugelschreiber

Beschreibung:
Der Schwerpunkt dieser Trainingseinheit liegt im handballspezifischen Ausdauertraining. Nach der Erwärmung und einem Sprintspiel folgt eine Laufübung, die unterbrochen ist durch mathematische Aufgabenstellungen, die im Team gelöst werden müssen. Nach einer Zwischenübung zur Ballkoordination startet ein Parcours mit sieben Stationen, der zweimal durchlaufen wird.

Insgesamt besteht die Trainingseinheit aus folgenden Schwerpunkten
- Einlaufen/Dehnen
(Einzelübung: 10 Minuten / Trainingsgesamtzeit: 10 Minuten)
- kleines Spiel (10/20)
- Laufübung (25/45)
- Koordination (10/55)
- Ausdauer-Parcours (35/90)

Gesamtzeit der Trainingseinheit: 90 Minuten

Nr.: 210-1	Einlaufen/Dehnen	10	10

Ablauf:

- Alle Spieler laufen selbständig mit Ball prellend durch die Halle und führen dabei verschiedene Laufbewegungen (vorwärts, rückwärts, seitwärts) durch.
- Auf Pfiff des Trainers, müssen alle Spieler zum nächstgelegenen Basketballkorb laufen und einen Korb erzielen. Ist dies gelungen, legen sie den Ball auf den Boden und suchen sich einen neuen Ball und müssen mit diesem ebenfalls einen Korb erzielen (es müssen aber zwei verschiedene Körbe sein!).
- Danach sprinten Sie sofort in den Mittelkreis, die beiden letzten Spieler müssen eine Aufgabe erfüllen (z.B. 10 Hampelmann-Bewegungen, Liegestützen oder ähnliches). Danach läuft jeder Spieler wieder normal weiter, bis zum nächsten Pfiff.

Gemeinsam in der Gruppe dehnen.

Nr.: 210-2	kleines Spiel	10	20

Grundaufbau:

- 2 Mannschaften bilden.
- „Spielfeldbegrenzung" ist die Mittellinie.

Ablauf:

- Auf Kommando startet je Mannschaft ein Spieler (**1** und

  1), überläuft die Mittelinie (A) und versucht, einen Spieler der anderen Mannschaft abzuschlagen (B).
- Gelingt das Abschlagen (C), läuft

  1 sofort zurück über die Mittellinie und seine Mannschaft bekommt einen Punkt. Jetzt darf ein anderer Spieler seiner

  Mannschaft (**3**) ebenfalls über die Mittellinie laufen, mit dem Ziel, so schnell wie möglich einen Spieler abzuschlagen (D).

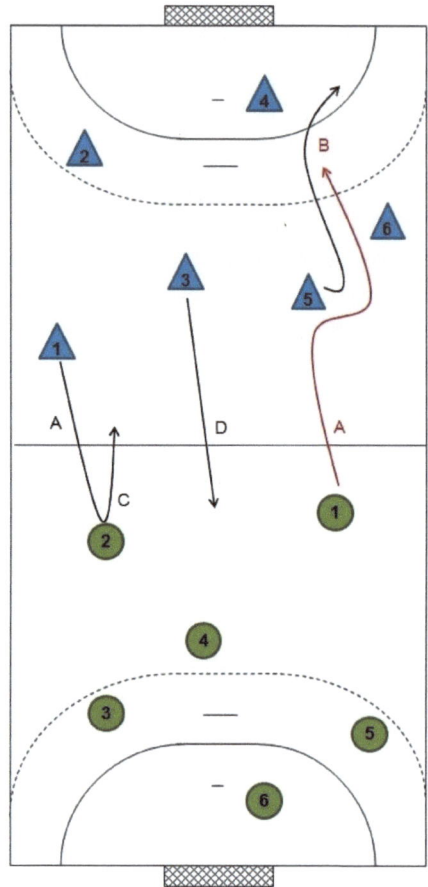

Aufgabenstellungen:

- Welche Mannschaft schafft innerhalb 2 Minuten mehr Punkte.
- Jeder Spieler einer Mannschaft muss 2* einen Spieler abschlagen (zwischen den beiden „Fangaktionen", muss er einmal über die Mittellinie laufen).

⚠ es darf immer nur ein Spieler je Mannschaft über die Mittellinie gehen. Sollten zwei Spieler über der Mittellinie sein, gibt es keinen Punkt beim Fangen!

⚠ Befindet sich **1** in der „gegnerischen" Hälfte und ist dabei, einen Spieler abzuschlagen, darf er von **1** nicht abgeschlagen werden. Spieler dürfen nur abgeschlagen werden, wenn sie sich in ihrer eigenen Hälfte befinden (nicht in der gegnerischen).

Nr.: 210-3	Laufübung	25	45

Aufbau:

- Zwei Mannschaften bilden.
- Einen Schriftführer je Mannschaft bestimmen, er bekommt einen Kugelschreiber.
- Alle Spieler verteilen sich in der Halle auf dem Rundkurs.
- Auf Kommando des Trainers starten alle Spieler und durchlaufen den Parcours wie folgt…

Ablauf:

- Am 6-Meter Kreis entlang mit dem rechten Bein hin und her über die Linie springen. Beim 2. Durchgang mit dem linken Bein, beim dritten Durchgang beidbeinig und beim nächsten wieder mit dem rechten Bein springen, usw. (A).
- Um das Hütchen laufen (B) und auf der dünnen Turnmatte einen Purzelbaum machen (C), sofort wieder aufstehen und bis zu den beiden Hütchen sprinten (D).
- Über die Hürden (oder kleine Turnkästen) beidbeinig springen (E).
- Die Koordinationsleiter mit zwei schnellen Kontakten (links und rechts) durchlaufen, dabei im Rhythmus der Schritte mit den Händen klatschen (F).
- Danach wiederholt sich der Ablauf.
- Zwischen den vier Stationen im lockeren Tempo weiterlaufen.

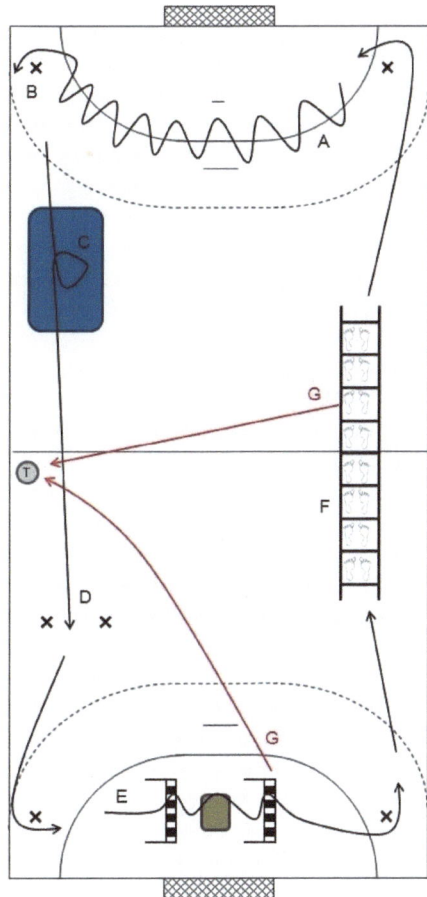

Zwischenaufgabe während des Parcours:

- **Grundgedanke:** Trotz körperlicher Belastung, sollen die Spieler für einen Moment die Konzentration hochfahren und eine gemeinsame Lösung für die gestellte Aufgabe finden.
- Während die Spieler den Parcours absolvieren, pfeift der Trainer als Signal für das Lösen der nächsten Aufgabe.

Position in der Halle, wo sich die Spieler für das Lösen der Frage treffen müssen

Vorbereitung für das Quiz:

- 10 Fragen überlegen und jede Frage für jede Mannschaft einmal ausdrucken (siehe Beispielfrage auf der nächsten Seite).
- Die Aufgabenkarte enthält als blaues Viereck auch die entsprechende Ecke, die als Treffpunkt dient (aus Sicht des Trainers).

Position des Trainers, für die Spieler als Orientierung, welche Ecke gemeint ist

Ablauf für das Quiz:

- In unregelmäßigen Abständen (nach ca. zwei Minuten) ein akustisches Signal (pfeifen) geben, je ein Spieler jeder Mannschaft kommt zum Trainer gelaufen und holt sich eine Aufgabe ab, die zu lösen ist.
- Nachdem der Spieler die Aufgabe abgeholt hat, müssen sich alle Spieler in der Ecke der Halle zusammenfinden, die auf der Frage eingezeichnet ist (blaues Viereck).
- Beide Mannschaften haben vom Abholen bis zum Zurückbringen der Lösung 45 Sekunden Zeit.
- Wird die Lösung nach Ablauf der 45 Sekunden gebracht, wird sie nicht gewertet.

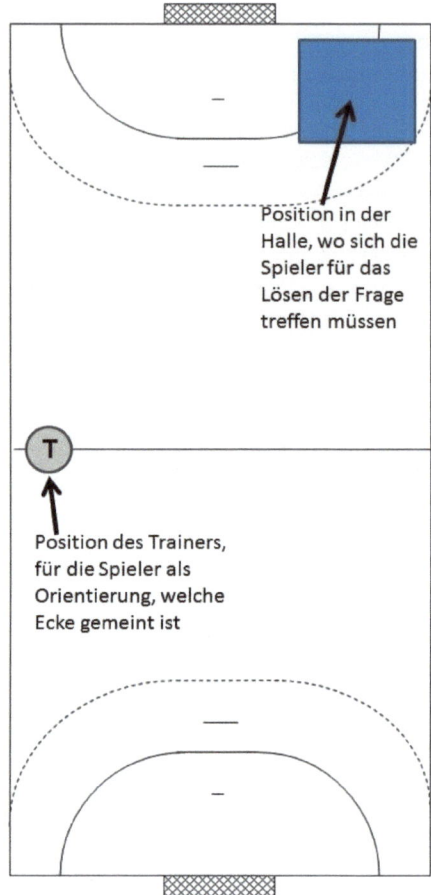

⚠ Die Spieler sollen direkt nach dem Abholen der Aufgabe miteinander kommunizieren und erkennen, in welcher Ecke sie sich treffen sollen.

Team 1

Frage 1:
Schreibe alle Primzahlen bis zur Zahl 20 auf

Antwort:

Team 2

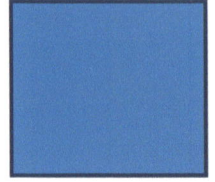

Frage 1:
Schreibe alle Primzahlen bis zur Zahl 20 auf

Antwort:

Frage	Antwort	Team 1	Team 2
1: Schreibe alle Primzahlen bis zur Zahl 20 auf	2, 3, 5, 7, 11, 13 ,17, 19		
2. Was ist das Produkt aus 30 und 15?	450		
3. Was ist die Summe aus 30 und 15?	45		
4. Was ist der Quotient aus 30 und 15?	2		
5. Wie lautet das Ergebnis von: $15 + 3 - 7 * 3 + 12 =$	9		
6. Wie lautet das Ergebnis von: $15 + 3 - 7 * (3 + 12) =$	-87		
8. 18^2	324		
8. Vierte Wurzel aus 81	3		
9. Wenn Pia hal1b so viel Geld hat wie Heike und Willi drei Euro mehr als Pia, wie viel Geld darf Pia höchstens haben, damit Willi mehr als Heike hat.	2,99		
10. 1/6 + 2/3 + ½	8/6 (4/3)		

Nr.: 211-4	Koordination	10	55

Ablauf:

Der Ball wird im Wechsel 2x vorne und 2x hinten geprellt:

1. rechte Hand vorne (Bild 1).
2. linke Hand vorne (Bild 2), der Ball muss leicht nach hinten zwischen die Beine gespielt werden.
3. rechte Hand hinten (Bild 3).
4. linke Hand hinten (Bild 4), der Ball muss nun wieder leicht nach vorne zwischen die Beine gespielt werden.

⚠ Der Ball darf dabei nicht zu hoch geprellt werden.

(Bild 1)

(Bild 2)

(Bild 3)

(Bild 4)

| Nr.: 211-5 | Ausdauer-Parcours | 35 | 90 |

Grundaufbau:
- Jede Station mit zwei Spielern besetzen.
- Die Übungen in folgender Reihenfolge durchlaufen: A nach H.

Zeitlicher Ablauf:
- 20 Sek. Übung (1. Durchgang)
- 10 (15) Sek. Pause.
- 20 Sek. Übung (2. Durchgang)
- 10 (15) Sek. Pause.
- 20 Sek. Übung (3. Durchgang)
- 30 Sek. Pause und Stationswechsel.
- usw.
- Nach den 7 Stationen eine kurze Pause, danach die 2. Runde.

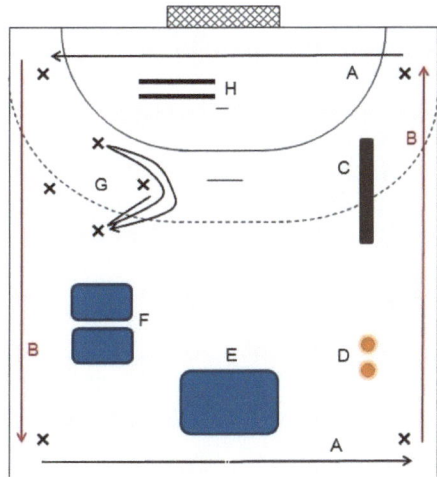

(Bild 1)

Station 1:
- Die beiden Spieler laufen um die Hütchen im Kreis herum.
- Immer im Wechsel eine Bahn locker (A) und eine Bahn im Sprint (B)

Station 2:
- Vor der Bank auf den Boden legen, die Arme nach vorne ausstrecken, so dass das Deuserband unter Spannung steht (Bild 2). Die Füße während der Übung leicht vom Boden anheben.

(Bild 2)

⚠️ Den Kopf nur leicht anheben, auf einen geraden Rücken achten (kein Hohlkreuz! Bauchmuskulatur dabei anspannen) (Bild 2).

- Das Band bis Höhe des Kinns anziehen, kurz halten und wieder langsam nach vorne, usw. (Bild 3).

(Bild 3)

⚠️ falls die Spieler bei der Übung auf dem Boden hin und her rutschen, eine dünne Turnmatte als Unterlage verwenden.

Station 3:

- Der Spieler nimmt einen Medizinball in beide Hände und strecken die Hände gerade nach vorne (Bild 4).
- Dabei die Arme und Knie ganz leicht angewinkelt halten und die Bauchmuskulatur anspannen.
- Den Oberkörper mit dem nach vorne gehaltenem Ball dynamisch zur Seite beschleunigen und in der seitlichen Stellung wieder schnell abbremsen (Bild 5).
- Danach wieder zurück in die gerade Grundstellung (Bild 4) und sofort dynamisch auf die andere Seite beschleunigen und abbremsen (Bild 6).

⚠ Darauf achten, dass der Oberkörper gerade gehalten wird.

(Bild 4)

(Bild 5)

(Bild 6)

Station 4:

- Auf der Weichbodenmatte Hampelmannsprünge durchführen.

Station 5:

- Auf der dünnen Turnmatte Sit-Ups (immer im Wechsel nach links, gerade und nach rechts) durchführen.

Station 6:

Aufbau:

- Vier Hütchen in Rautenform aufstellen (Bild 1 - G).

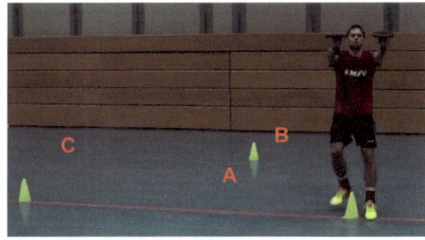

(Bild 7)

Ablauf:

- Der Spieler nimmt zwei Gewichte oder alternativ einen Medizinball in die Hände.
- Der Spieler umläuft fortlaufend das hintere Hütchen (A).
- Ist der Spieler beim vorderen Hütchen angekommen, bremst er ab (Bild 7) und stößt die Arme dynamisch nach vorne (Bild 8).

⚠ Darauf achten, dass die Arme dabei etwas angewinkelt bleiben.

- Danach läuft er rückwärts zum Hütchen (B), umläuft es (Bild 10) und dynamisch wieder nach vorne (C) zum anderen vorderen Hütchen. Dort bremst er wieder ab und stößt die Arme dynamisch nach vorne.
- Usw.

(Bild 8)

(Bild 9)

(Bild 10)

Station 7:

Aufbau:

- Auf jeder Seite des Barrens je eine Matte (zur Absicherung, falls ein Spieler abrutscht) und 1 kleine Turnkiste wie abgebildet (Bild 10) aufstellen.
- Die Übung kann vereinfacht werden, indem die Spieler die Füße statt auf der Kiste, auf dem Boden liegen haben.

(Bild 11)

Ablauf:

- Der Spieler hängt sich an den Barren und legt die Füße auf die Kiste (Bild 10).
- Er zieht sich langsam nach oben, verharrt in dieser Position kurz (Bild 11) und geht langsam wieder in die Ausgangsposition zurück (Bild 10).
- Usw.

(Bild 12)

⚠ Der gesamte Körper muss bei dieser Übung unter Spannung stehen. Er darf nicht durchhängen.

⚠ Die Arme müssen in der Ausgangsposition (Bild 10) leicht angewinkelt bleiben.

⚠ Die Kraftentwicklung darf nur aus den Armen kommen, kein Schwungholen mit dem Körper, um in die obere Position zu kommen (Bild 11).

Nach dem kompletten Ablauf (Zwei Durchläufe aller Stationen) einige Bahnen locker auslaufen und gemeinsam in der Gruppe ausdehnen.

Nr.: 213	Handballspezifischem Ausdauertraining mit Wurfserien unter Vorbelastung	★★★	90

Startblock		Hauptblock				
X	Einlaufen/Dehnen		Angriff / individuell		Sprungkraft	
	Laufübung		Angriff / Kleingruppe		Sprintwettkampf	
	Kleines Spiel		Angriff / Team		Torhüter	
	Koordination	X	Angriff / Wurfserie			
X	Laufkoordination		Abwehr /Individuell		**Schlussblock**	
	Kräftigung		Abwehr / Kleingruppe		Abschlussspiel	
X	Ballgewöhnung		Abwehr / Team	X	Abschlusssprint	
X	Torhüter einwerfen		Athletiktraining			
			Ausdauertraining			

★: Einfache Anforderung (alle Jugend-Aktivenmannschaften)	★★: Mittlere Anforderung (geeignet ab C-Jugend bis Aktive)	★★★: Höhere Anforderung (geeignet ab B-Jugend bis Aktive)	★★★★: Intensive Anforderung (geeignet für Leistungsbereiche)

Legende:

✗   Hütchen

△1   Angreifer

◯1   Abwehrspieler

    Hürde

    Koordinationsleiter

◯   Turnreifen

    Ballkiste

Benötigt:

→ 10 Hütchen, 9 Turnreifen, 1 Koordinationsleiter, 6 Hürden (alternativ kleine Turnkisten), 1 Ballkiste mit ausreichend Bällen

Beschreibung:

Der Schwerpunkt dieser Trainingseinheit liegt in handballspezifischem Ausdauertraining mit Wurfserien unter Vorbelastung. Nach der Erwärmungsphase mit Laufkoordination und einem intensiven Passkontinuum zur Ballgewöhnung, folgt das Torhüter einwerfen, welches eine Wurfserie mit anschließender Kontereinleitung beinhaltet. Zwei Wurfserien folgen, die Erste mit Vorbelastung aus dem Rückraum und die Zweite mit einer koordinativen Voraufgabe und zwei (drei) aufeinander folgenden Würfen. Ein schnelles Abschlussspiel rundet diese Trainingseinheit ab.

Insgesamt besteht die Trainingseinheit aus folgenden Schwerpunkten
- Einlaufen/Dehnen (Einzelübung: 10 Minuten / Trainingsgesamtzeit: 10 Minuten)
- Laufkoordination (10/20)
- Ballgewöhnung (20/40)
- Torhüter einwerfen (10/50)
- Angriff/Wurfserie (15/65)
- Angriff/Wurfserie (15/80)
- Abschlussspiel (10/90)

Gesamtzeit der Trainingseinheit: 90 Minuten

| Nr.: 213-1 | Einlaufen/Dehnen | 10 | 10 |

Ablauf:
- Alle Spieler laufen mit Ball kreuz und quer durch die Halle und führen dabei verschiedene Laufbewegungen aus (vorwärts-, rückwärts-, seitwärts laufen, usw.).
- Während des Laufens muss jeder Spieler mit jedem anderen min. einmal seinen Ball getauscht haben (zwei Pässe, so dass er danach wieder seinen eigenen hat).

Gemeinsam in der Gruppe dehnen.

| Nr.: 213-2 | Laufkoordination | 10 | 20 |

Grundablauf:
- Die Spieler absolvieren im Rundlauf jede Übung dreimal.
- Kurze Pause und den Ablauf wiederholen.

Ablauf:
- ▲1, ▲3 und ▲5 starten gleichzeitig.
- ▲1 läuft so schnell wie möglich durch die Koordinationsleiter mit einem Kontakt je Fuß (links und rechts) je Zwischenraum (A). Nach der Koordinationsleiter zieht ▲1 das Lauftempo an, sprintet bis zum Hütchen und im lockeren Laufschritt zur nächsten Übung (B).
- ▲3 sprintet vorwärts zum Hütchen (C), diagonal rückwärts zurück (D), vorwärts an dem Hütchen vorbei (E) und im lockeren Laufschritt zur nächsten Übung (F).
- ▲5 springt in die nebeneinander liegenden Reifen mit je einem Fuß, beidbeinig in den 3. Reifen usw. (G). Nach den Reifen sprintet ▲5 zum Hütchen, umläuft es (H) und läuft im lockeren Laufschritt zur ersten Übung (J).

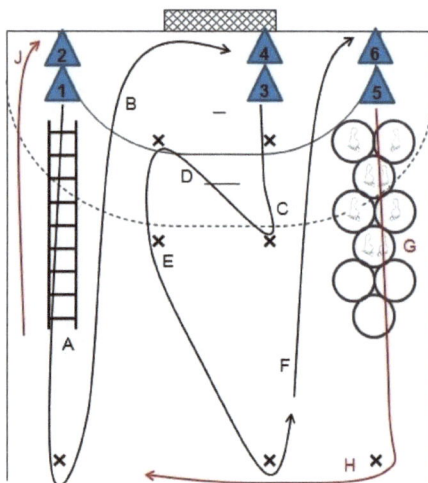

Nr.: 213-3	Ballgewöhnung	20	40

Ablauf innerhalb der inneren Gruppe

(1 , 3 ... und 2 , 4 ...):

- 1 stößt dynamisch nach vorne (A) und passt den Ball in die Stoßbewegung (B) von 2 .

- 2 passt ebenfalls aus dem Stoßen heraus zu 3 (C) usw.

Ablauf nach dem Stoßen:

- 1 läuft in der Seitwärtsbewegung (D) links nach außen, dreht sich um und sprintet um das hinteren Hütchen (E).

- 1 sprintet die lange Gerade (F), umläuft das Hütchen und stellt sich an der anderen Gruppe wieder an (G).
- Usw.

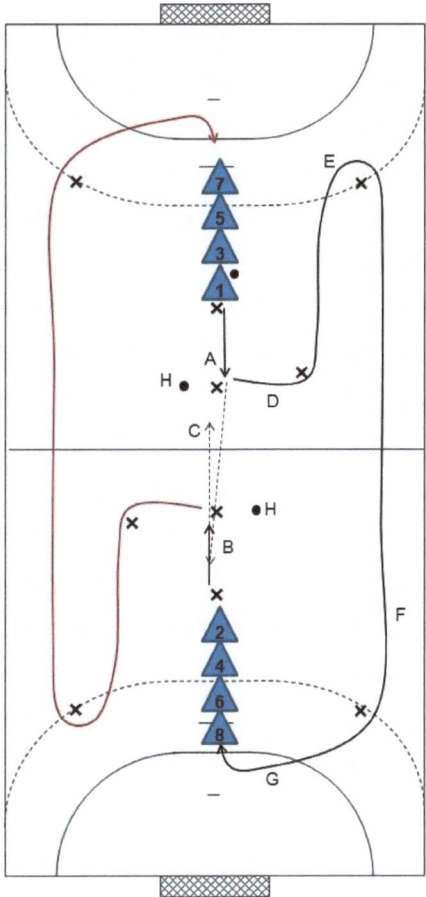

Zeitlicher Ablauf:

- Die Übung wird 5-7 Minuten absolviert (abhängig vom Leistungsstand).
- Jedes Herunterfallen des Balls wird gezählt.
- Nach Ablauf der Zeit, wird für jedes Fallenlassen des Balls z.B.: drei Liegestützen und drei Sit-Ups gemacht (Fünf Fehlpässe/Fangfehler = 15 Liegestützen und 15 Sit-Ups).
- Danach eine kurze Pause machen und den Ablauf wiederholen.

⚠ Die Spieler sollen das Stoßen und Passen (A, B und C) so timen, dass die Aktion immer in der vollen Bewegung absolviert wird (kein Stehen beim Pass zur Gegengruppe).

⚠ Den Abstand der äußeren Hütchen dem Leistungsstand der Mannschaft anpassen, so dass ein Rundlauf entsteht und die Spieler (optimal) direkt nach dem Anstellen (G) wieder in den Pass (A, B und C) starten müssen.

⚠ Die Übung ist durch die vielen Laufwege sehr intensiv.

Nr.: 213-4	Torhüter einwerfen	10	50

Aufbau:

- **T1** steht mit dem Rücken zu den Werfern.
- Es werden immer 4er-Wurfserie mit folgender Vorgabe absolviert.

  Ruft **T** während **T1** die Hampelmannbewegung macht eine ungerade Zahl:
  - o 1. Werfer: links hoch.
  - o 2. Werfer: rechts hoch.
  - o 3. Werfer: links tief.
  - o 4. Werfer: rechts Tief.

- Ruft **T** eine gerade Zahl, dreht sich der Ablauf um:
  - o 1. Werfer: rechts hoch.
  - o 2. Werfer: links hoch, usw.

- Die Werfer müssen ebenfalls darauf achten, welche Zahl gerufen wird und entsprechend beginnen:
  - o Ungerade Zahl: **1** beginnt.
  - o Gerade Zahl: **2** beginnt.

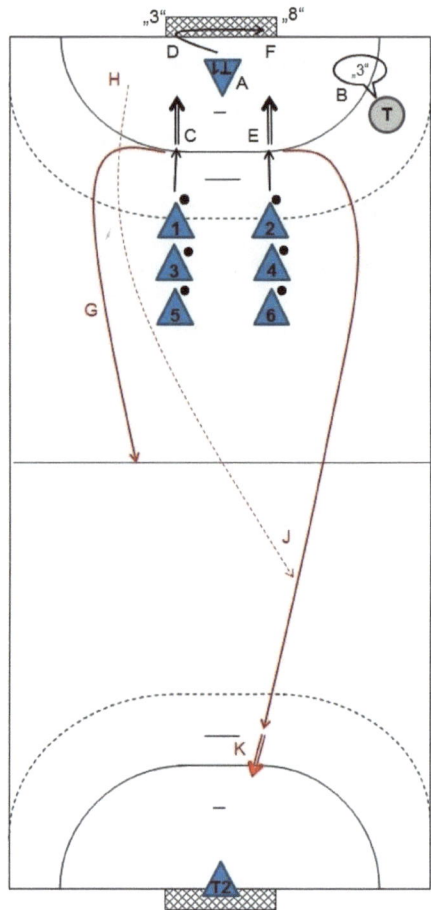

Ablauf:

- **T1** macht auf der Stelle schnelle Hampelmannbewegungen (A).
- **T** ruft eine Zahl (hier im Beispiel „3") (B).
- Das ist das Zeichen für **T1**, sich sofort umzudrehen und im Tor zu positionieren und für **1**, mit der Wurfserie nach links oben zu beginnen (C).
- **T1** hält den 1. Ball links hoch (D).
- **2** startet etwas verzögert mit seinem Wurf nach rechts hoch (E).
- **T1** geht in die Seitwärtsbewegung und hält den Ball (F).
- Ewas verzögert startet **3** mit seinem Wurf nach links tief.
- Am Schluss wirft **4** nach rechts tief.
- **1**, **2** und **3** sprinten nach ihrem Wurf jeweils sofort zur Mittellinie (G).

- ▲4 startet nach seinem Wurf sofort in den Konter und bekommt von ▲T1 den langen Ball gespielt (J).
- Danach sind die nächsten vier Spieler an der Reihe.

⚠ ▲T1 soll vor dem langen Pass eine optimale Position einnehmen. Er soll so stehen, dass der Pass diagonal erfolgen kann (H), damit er für ▲4 einfacher zu fangen ist.

Variation:
- Aufgaben stellen für die Wurfvorgabe, z.B. „die Summe aus 5 und 8".

Nr.: 213-5	Angriff / Wurfserie	15	65

Aufbau:
- Die Hürden (alternativ kleine Turnkisten) wie im Bild gezeigt, aufstellen.
- Die Spieler in drei Gruppen aufteilen:
  - ○ Zwei Werfergruppen (▲1, ▲2, ▲3 und ▲4, ▲5, ▲6).
  - ○ Eine Kräftigungsgruppe (▲7, ▲8 und ▲9).

Ablauf:
- ▲1 passt seinen Ball zu Ⓣ (A) und überspringt dann beidbeinig springend die beiden Hürden, ohne dabei zwischen den Hürden einen Zwischenhüpfer zu machen (nur ein Kontakt zwischen den Hürden ist erlaubt) (B).

- ▲4 startet den gleichen Ablauf parallel zu ▲1 (J). Während dem Sprung über die zweite Hürde, kurz bevor ▲1 wieder landet, bekommt ▲1 den Ball wieder von Ⓣ zurückgepasst (C) und soll dabei auch beidbeinig landen.

- ▲ startet jetzt ohne zu prellen (innerhalb der 3-Schritt Regel) Richtung Tor und wirft aus dem Sprungwurf heraus (D).
- Nach dem Wurf überspringt ▲ zuerst sofort beidbeinig die Hürde (E), läuft dynamisch in den Konter, bekommt von ▲ den langen Ball gespielt (G) und schließt auf der anderen Seite mit Wurf ab (H).
- ▲ soll dabei für den langen Pass die optimale Passposition (diagonal) einnehmen (F).
- Nach seinem Wurf geht ▲ zur Kräftigungsgruppe an den Rand (K) und macht immer im Wechsel 10 Liegestützen und 10 Sit-Ups, dafür steht ▲ auf und stellt sich an der 1. Werfergruppe an (M).
- ▲ stellt sich nach seinem Wurf hinter ▲ wieder an.
- Usw. bis jeder Werfer jede Station 10-15 Mal absolviert hat.

⚠ Die Höhe der Hürden dem Leistungsniveau anpassen. Sie soll beidbeinig übersprungen werden können.

⚠ Beide Werfergruppen müssen gleichzeitig anfangen, damit beide Torhüter für den Wurf nach dem Konter Zeit haben, sich richtig zu stellen.

⚠ Die Übung erfordert für alle Spieler hohe Konzentration, damit bei den Laufbewegungen keine Kollisionen entstehen.

Nr.: 213-6	Angriff / Wurfserie	15	80

Ablauf:

- **1** und **2** (mit Ball) starten gleichzeitig und hüpfen beidbeinig durch die Reifenreihe (A).
- Nach der Reifenreihe Geschwindigkeit deutlich steigern und vor dem Hütchen eine dynamische Körpertäuschung machen (B).
- **2** prellt nach innen und kreuzt **1** an, der dynamisch angelaufen kommt (C).
- **1** wirf aus dem Sprungwurf heraus (D).
- Nach dem Pass (C) umläuft **2** sofort das Hütchen (E), bekommt von **7** den Ball in den Lauf gespielt (F) und wirft aus dem Sprungwurf heraus (G).
- **1** holt sich nach seinem Wurf einen neuen Ball und stellt sich hinter **8** an. **2** stellt sich hinter **5** ohne Ball an. **7** holt sich einen neuen Ball und stellt sich hinter **6** an.

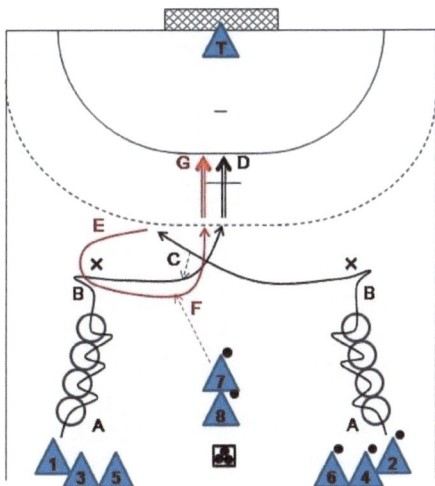

Variationen:

- Einbeinig springen (links/rechts).
- In der Hampelmannbewegung durch die Reifen springen.
- Mit einem Abwehrspieler, der defensiv bei 6-Meter agiert.
- Nach dem zweiten Wurf (G) kann der Spieler auch noch abschließend in den Konter gehen, mit Wurf auf der anderen Seite.

⚠ Schnelles, aber sauberes Durchspringen der Reifenreihe.

⚠ Dynamische Laufbewegungen.

⚠ Nach der Kreuzbewegung muss der Spieler (**2**) sofort zur zweiten Aktion umschalten (E).

| Nr.: 213-7 | Abschlussspiel | 10 | 90 |

Aufbau:

- Die Spieler auf drei Mannschaften verteilen.

Ablauf:

- ▲1, ▲2, ▲3 und ▲4 spielen im 4gg4 gegen ●1, ●2, ●3 und ●4.
- Sobald der Angriff zu Ende ist, starten ●1, ●2, ●3 und ●4 in die schnelle Gegenbewegung und spielen auf der anderen Seite gegen ▲1, ▲2, ▲3 und ▲4, die ihre Abwehraktion deutlich vor der 9-Meter Linie beginnen sollen.
- ▲1, ▲2, ▲3 und ▲4 gehen nach dem Angriff als neue Spieler direkt in die Abwehr (vor der 9-Meter Linie).
- Wird ein Tor erzielt, wird der Ball direkt vom Torhüter wieder in das Spiel gebracht, ohne Anwurf an der Mittellinie.
- Welche Mannschaft hat nach 10 Minuten Spielzeit am meisten Tore erzielt. Vorher Aufgaben für den Zweiten und Dritten definieren.

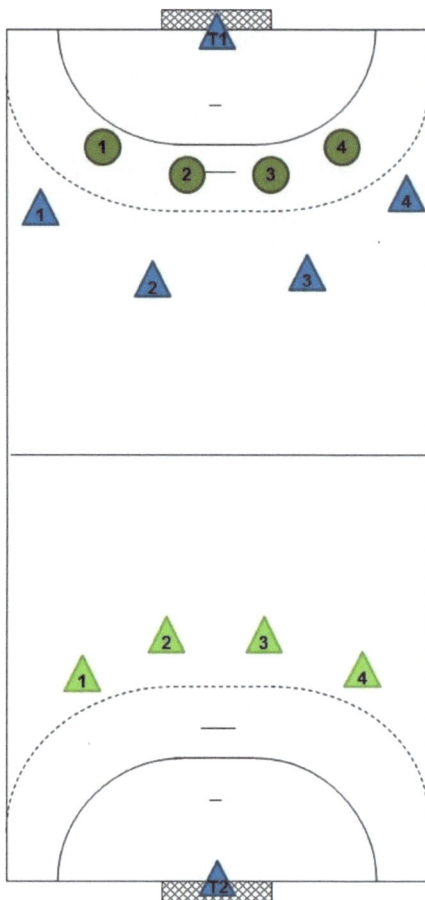

⚠ Es soll ein Spiel entstehen, welches schnell hin und her geht, Unterbrechungen möglichst vermeiden.

5. Gutschein

Mit diesem Gutscheincode erhalten Sie auf www.handball-uebungen.de die Trainingseinheit "**215 – Auftakthandlung gegen eine 5:1 Abwehr durch Kreuzbewegungen**" kostenlos im Downloadbereich freigeschaltet. Geben Sie bitte bei der Registrierung den folgenden Code im Feld Gutscheincode ein:

Gutscheincode: HP7xyz

6. Über den Autor

JÖRG MADINGER, geboren 1970 in Heidelberg

Juli 2014 (Weiterbildung): 3-tägiger DHB Trainerworkshop "Grundbausteine Torwartschule"
Referenden: Michael Neuhaus, Renate Schubert, Marco Stange, Norbert Potthoff, Olaf Gritz, Andreas Thiel, Henning Fritz

Mai 2014 (Weiterbildung): 3-tägige DHTV/DHB Trainerfortbildung im Rahmen des VELUX EHF FinalFour
Referenden: Jochen Beppler (DHB Trainer), Christian vom Dorff (DHB Schiri), Mark Dragunski (Trainer TuSeM Essen), Klaus-Dieter Petersen (DHB Trainer), Manolo Cadenas (Nationaltrainer Spanien)

Mai 2013 (Weiterbildung): 3-tägige DHTV/DHB Trainerfortbildung im Rahmen des VELUX EHF FinalFour
Referenden: Prof. Dr. Carmen Borggrefe (Uni Stuttgart), Klaus-Dieter Petersen (DHB Trainer), Dr. Georg Froese (Sportpsychologe), Jochen Beppler (DHB Stützpunkttrainer), Carsten Alisch (Nachwuchstrainer Hockey)

seit Juli 2012: Inhaber der DHB A-Lizenz

seit Februar 2011: Vereinsschulungen, Coaching im Trainings- und Wettkampfbetrieb

November 2011: Gründung Handball Fachverlag (handall-uebungen.de, Handball Praxis und Handball Praxis Spezial)

Mai 2009: Gründung der Handball-Plattform handball-uebungen.de

2008-2010: Jugendkoordinator und Jugendtrainer bei der SG Leutershausen

seit 2006: B-Lizenz Trainer

Anmerkung des Autors
1995 überredete mich ein Freund, mit ihm zusammen das Handballtraining einer männlichen D-Jugend zu übernehmen.

Dies war der Beginn meiner Trainertätigkeit. Daraufhin fand ich Gefallen an den Aufgaben eines Trainers und stellte stets hohe Anforderungen an die Art meiner Übungen. Bald reichte mir das Standardrepertoire nicht mehr aus und ich begann, Übungen zu modifizieren und mir eigene Übungen zu überlegen.

Heute trainiere ich mehrere Jugend- und Aktivmannschaften in einem breit gefächerten Leistungsspektrum und richte meine Trainingseinheiten gezielt auf die jeweilige Mannschaft aus.

Seit einigen Jahren vertreibe ich die Übungen über meinen Onlineshop handball-uebungen.de. Da die Tendenz im Handballtraining, vor allem im Jugendbereich, immer mehr in Richtung einer allgemeinen sportlichen Ausbildung mit koordinativen Schwerpunkten geht, eignen sich viele Spiele und Spielformen auch für andere Sportarten.

Lassen Sie sich inspirieren von den verschiedenen Spielideen und bringen Sie auch Ihre eigene Kreativität und Erfahrung ein!

Ihr

Jörg Madinger

7. Weitere Fachbücher des Verlags DV Concept

Von A wie Aufwärmen bis Z wie Zielspiel – 75 Übungsformen für jedes Handballtraining

Ein abwechslungsreiches Training erhöht die Motivation und bietet immer wieder neue Anreize, bekannte Bewegungsabläufe zu verbessern und zu präzisieren. In diesem Buch finden Sie Übungen zu allen Bereichen des Handballtrainings vom Aufwärmen über Torhüter einwerfen bis hin zu gängigen Inhalten des Hauptteils und Spielen zum Abschluss, die Sie in ihrem täglichen Training mit Ihrer Handballmannschaft inspirieren sollen. Alle Übungen sind bebildert und in der Ausführung leicht verständlich beschrieben. Spezielle Hinweise erläutern, worauf Sie achten müssen.

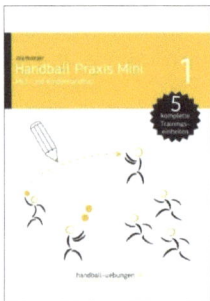

Mini- und Kinderhandball (5 Trainingseinheiten)

Mini- bzw. Kinderhandball unterscheidet sich grundlegend vom Training höherer Altersklassen und erst recht vom Handball in Leistungsbereichen. Bei diesem ersten Kontakt mit der Sportart „Handball" sollen die Kinder an den Umgang mit dem Ball herangeführt werden. Es soll der Spaß an der Bewegung, am Sport treiben, am Spiel miteinander und auch am Wettkampf gegeneinander vermittelt werden.

Das vorliegende Buch führt zunächst kurz in das Thema und die Besonderheiten des Mini- und Kinderhandballs ein und zeigt dabei an einigen Beispielübungen Möglichkeiten auf, das Training interessant und abwechslungsreich zu gestalten.

Passen und Fangen in der Bewegung - 60 Übungsformen für jedes Handballtraining

Passen und Fangen sind zwei Grundtechniken im Handball, die im Training permanent trainiert und verbessert werden müssen. Die vorliegenden 60 praktischen Übungen bieten viele Varianten, um das Passen und Fangen anspruchsvoll und abwechslungsreich zu trainieren. Ein besonderer Fokus liegt dabei darauf, die Sicherheit beim Passen und Fangen auch in der Bewegung mit hoher Dynamik zu verbessern. Deshalb werden die Übungen mit immer neuen Laufwegen und spielnahen Bewegungen gekoppelt.

Effektives Einwerfen der Torhüter - 60 Übungsformen für jedes Handballtraining

Das Einwerfen der Torhüter ist in nahezu jedem Training notwendiger Bestandteil. Die vorliegenden 60 Übungen zum Einwerfen bieten hier verschiedene Ideen, um das Einwerfen sowohl für Torhüter als auch für die Feldspieler anspruchsvoll und abwechslungsreich zu gestalten. Ein besonderer Fokus liegt dabei darauf, schon beim Einwerfen die Dynamik der Spieler zu verbessern.

Wettkampfspiele für das tägliche Handballtraining - 60 Übungsformen für jede Altersstufe

Handball lebt von schnellen und richtig getroffenen Entscheidungen in jeder Spielsituation. Dies kann im Training spielerisch und abwechslungsreich durch handballnahe Spiele trainiert werden. Die vorliegenden 60 Übungsformen sind in sieben Kategorien unterteilt und schulen die Spielfähigkeit.

Folgende Kategorie beinhaltet das Buch: Parteiball-Varianten, Mannschaftsspiele auf verschiedene Ziele, Fangspiele, Sprint- und Staffelspiele, Wurf- und Balltransportspiele, Sportartübergreifende Spiele, Komplexe Spielformen für das Abschlussspiel.

Abwechslungsreiches Wurftraining im Handball - 60 Übungsformen für jede Altersstufe

Der Wurf ist ein zentraler Baustein des Handballspiels, der durch regelmäßiges Training immer wieder erprobt und verbessert werden muss. Deshalb ist es immer wieder sinnvoll, Wurfserien im Training durchzuführen. Die vorliegende Übungssammlung bietet 60 verständliche, leicht nachzuvollziehende praktische Übungen zu diesem Thema, die in jedes Training integriert werden können.

Die Übungen sind in sechs Kategorien und drei Schwierigkeitsstufen unterteilt: Technik, Wurfübungen auf feste Ziele, Wurfserien mit Torwurf, Positionsspezifisches Wurftraining, Komplexe Wurfserien, Wurfwettkämpfe.

Taschenbücher aus der Reihe Handball Praxis

Handball Praxis 1 – Handballspezifische Ausdauer

Handball Praxis 2 – Grundbewegungen in der Abwehr

Handball Praxis 3 – Erarbeiten von Auslösehandlungen und Weiterspielmöglichkeiten

Handball Praxis 4 – Intensives Abwehrtraining im Handball

Handball Praxis 5 – Abwehrsysteme erfolgreich überwinden

Handball Praxis 6 – Grundlagentraining für E- und D- Jugendliche

Handball Praxis 7 – Handballspezifisches Ausdauertraining im Stadion und in der Halle

Handball Praxis 8 – Spielfähigkeit durch Training der Handlungsschnelligkeit

Handball Praxis 9 – Grundlagentraining im Angriff für die Altersstufe 9-12 Jahre

Handball Praxis Spezial 1 – Schritt für Schritt zur 3-2-1 Abwehr

Handball Praxis Spezial 2 – Schritt für Schritt zum erfolgreichen Angriffskonzept gegen eine 6-0 Abwehr

Weitere Handball Fachbücher und eBooks unter: www.handball-uebungen.de